KB261318

도서출판 대장간은
쇠를 달구어 연장을 만들듯이
생각을 다듬어 기독교 가치관을
바르게 세우는 곳입니다.

대장간이란 이름에는
사라져가는 복음의 능력을 되살리고,
낡은 것을 새롭게 풀무질하며, 잘못된 것을
바로 세우겠다는 의지가 담겨져 있습니다.

www.daejanggan.org

당신이 주일 아침 교회 예배에 만족한다면
이 책을 절대로 읽지 마십시오!

옮긴이 이 남 하

오하이오주립대학교 수학과 졸업
골든게이트침례신학대학원 졸업
전통교회 목회, 제자훈련 사역, 셀교회 운동을 뒤로하고
현재 유기적 교회를 위한 순회 사역자로 활동하고 있다.
가족과 함께 Washington DC 근교에서 살고 있다.

저서: 거품 빼고 보는 요한계시록, 예수님짜리, 예수님자리,
　　　사망에서 생명으로, 생명에서 생명으로 등
역서: 이교에 물든 기독교, 영원에서 지상으로, 유기적 교회 세우기 등

오래된 교회, 가정집 모임

진 에드워드 지음
이 남 하 옮김

Copyright ⓒ by Gene Edwards

Original published in English under the title ;
    How to Meet In Homes :
             / Gene Edwards
    published by Seedsowers, P.O. Box 3317 Jacksonville, FL 32206, USA.
    All rights reserved.

Used and translated by the permission of Gene Edwards
Korean Edition Copyright ⓒ 2013 Daejanggan Publisher. in Daejeon, South
Korea.

*이 책은 『가정집 모임은 어떻게』(2003년 출판)를 부분 수정하고 재편집하였습니다.

오래된 교회, 가정집 모임

지은이	진 에드워드 Gene Edwards
옮긴이	이남하
초판발행	2013년 6월 12일
초판2쇄	2017년 2월 10일

펴낸이	배용하
책임편집	배용하
교열교정	이준용
등록	제364-2008-000013호
펴낸곳	도서출판 대장간
	www.daejanggan.org
등록한곳	대전광역시 동구 삼성동 285-16
편집부	전화 (042) 673-7424
영업부	전화 (042) 673-7424 전송 (042) 623-1424

분류	교회 | 신앙
ISBN	978-89-7071-293-2 03230

※ 이 책의 한국어판에 대한 권리는 Gene Edwards와 독점 계약한 대장간에 있습니다.
   이 책의 내용 전부나 일부를 출판사의 허락 없이 복사하거나 복제를 금 합니다.

값 8,000원

How To Meet In Homes

Gene Edwards

혁명은 다음을 포함한다.

- 더 이상 주일 교회 예배에 참석하지 않는 사람들.

- 현대 목회자의 역할과의 결별.

- 목회자의 역할을 무엇으로 대신할 것인가?

- 1세기 순회 교회개척자 역할로의 회귀.

교회개척자 역할로 돌아가는 것은 또한
교회를 세운 후에 그 교회를 떠나는 것을 포함한다.
그 교회가 시작되어 탄탄하게 기초가 세워진 후에
그는 그곳을 떠난다. 그 곳을 떠나면서
그는, 성도들 스스로 역할을 수행하는 교회를 남기고 간다.

지도자 없이
머리이신 예수 그리스도께서
직접 주관하시는 모임은
어떤 것일까?

교회 건물 없이

중국에서 100,000개 교회가,
남미에서 8,000개 교회가,
영국에서 2,000개 교회가,
오스트레일리아에서 500개 교회가,
뉴질랜드에서 200개 교회가 가정집에서 모인다.

그 외의 미국이나 다른 나라에서는?
다른 나라에서는 가정집에서 교회 모임을 한다는 것이
새로운 개념일 것이다.
그러나, 가정집 교회는 지난 1,700년 넘게 이어져온 교회 역사의 흐름을
획기적으로 바꿀 가능성을 간직하고 있다.
거대한 규모의 혁신적 혁명이 그 모습을 드러내고 있다!

이 책은
혁명으로의
초청이다.

영적인 깊이에서의 혁명.
그리고
교회 생활의 실천에서의 혁명.

차 례
CONTENTS

제3부 처음부터 다시 시작, 완전히 새롭게, 밑바닥부터

엉터리 교회의 예

알바니아.

전 세계에서 첫째 가던, 그리고 유일했던 무신론 국가가 외부 세계에 나라를 개방했다. 그것은 8월이었다. 우리는 근 50년 만에 알바니아에 들어간 최초의 외국인 중 하나였다. 우리가 탄 비행기가 착륙했을 때 무장 군인들이 활주로 주위에 좍 깔려 있었다. 우리가 비행기 밖으로 나왔을 때 기관총 여러 개가 우리를 겨누고 영접해 주었다.

이 나라의 삼백만 영혼은 근 50년 동안 "하나님"이라는 말을 들어본 적도 없고, 그 말이 기록된 종이쪽지 하나도 보지 못했다. 알바니아에는 이슬람교도 없었고, 가톨릭도 유대인 회당도 힌두교도 개신교도 없었다. 어떤 종교나 어떤 종교적 건물도 없었다. 그런 것들 모두가 다 헐렸고, 다른 목적으로 사용되었다. 종교라는 것은 전혀 존재하지 않았다. 그리고 두 세대에 걸쳐 나라 밖에서는 아무도 오지 않았었다.

그런데 이 모든 것이 교회생활의 혁명에 관한 이 책과 무슨 상관이 있는가?

아주 많이 관련되어 있다.

알바니아가 개방되고 얼마 되지 않아, 서방 세계 곳곳에서 복음주의 기독교인 수백 명이 물밀듯이 알바니아로 몰려들었다. 곧 여기저기서 복음 전도가 활발하게 벌어졌다. 선교 단체들이 복음 전도의 선봉에 섰다. 그들의 목표는 학생들과 젊은이들을 그리스도께 인도하려는 것처럼 보였다. 교회에클레시아는 서구 기독교인들의 생각 속엔 중심에 있지 않았다. 아니면 적어도 그렇게 보였다.

알바니아의 관계 당국에서 집계한 바에 의하면, 알바니아 전역에 있던 기독교 단체들이 첫해에 30,000명하루 90명 꼴을 그리스도께로 인도했다고 한다.

알바니아는 선교 단체들이나 교단들이 전에나 또 앞으로나 복음 전도에 주력할 최적의 장소였음을 주목하라. 첫해에 회심한 30,000명 중에, 어떤 모양으로든지 몇 명이나 교회 모임에 참석했는지 아는가? 여기에 서방 기독교인들이 복음을 전한 결과가 있다.

200명이었다!

30,000명의 회심자 중에 겨우 200명이 교회 모임에 참석했다.

우리가 그리스도와 함께 사는 데에, 그리고 우리의 에클레시아 생활 체험 안에 일어나야 하는 혁명과 이것 사이에 무슨 상관이 있을까?

이것이다.

그 알바니아인들이 모이는 방식은 한 마디로 말해 죽었다! 서구 기독교인들에 의해 소개된 '교회'는 우리에게나 알바니아인들에게나 지루하기 짝이 없는 것이다!

　미국인들이 그들의 문화를 수출해서, 알바니아의 기독교인들을 미국화시키는 것이다. 이미 이 지구상의 다른 모든 나라를 그런 식으로 물들여놓은 것은 말할 것도 없다. 미국인들은 다른 나라 사람들에게 미국식 문화그리고 주일 아침에 모이는 미국식 방식을를 200년 이상 강요해 왔다. 알바니아는 그런 강요가 중단되지 않을 것이라는 사실을 적나라하게 드러내고 있다. 그리고 우리나 새로운 회심자들이나 다 "교회에 가는" 것을 싫어한다는 사실 또한 적나라하게 드러내고 있다.

　미국의 제반 선교 단체들과 복음 전도자들은, 다른 나라 사람들이 교회에 대한 그들 고유의 문화적 표현을 발견할 모든 소망을 전부 다 없애 버렸다. 함께 모임을 갖는 그들의 방식은 결코 발견될 수 없었다. 이것이 바로 미국 기독교가 만들어 내고 있는 문제점이다.

　미국에 있는 우리는 바로 여기에서 커다란 문제에 직면해 있다. 즉 미국 기독교인들이 "교회"를 지루하게 생각한다는 것이다. 그리고 그것은 또한 문화적인 문제이기도 하다. 하지만, 미국 기독교는 알바니아 사람들에게 이런 미국식 모임 방식을 안겨 주었다.

　이것도 정확한 표현은 아니다. 미국에서 주일에 모이는 방식은 미국인들에게조차도 들어맞지 않는다고 해야 맞는 표현일 것이다.

　전 세계의 기독교인들이 "교회"로 모이는 방식은 알바니아 문화에도, 미국 문화에도 적합하지 않다. 우리가 모이는 방식은 거기나 여기나 형편없기는 마찬가지다! 우리가 주일에 행하는 것은 그 어느 누구의 문화도 반영하지 못하는, 인간이 고안해 낸 작품이다. 그리고 인종과 피부색과 문화에 관계없이 모든 사람을 지루하게 만든다.

미국에서는 무엇을 하고 있는가? 알바니아에서는? 그리고 우리가 복음을 전한 모든 곳에서? 우리는 황당한 모임 방식을 강요했다.

무엇이 우리의 모임 "방식"인가? 의자들이 여러 줄로 배열되어 있다. 앞에 설교자가 서 있다. 목사가 모든 것을 다 주관한다. 그 한 사람 이외에는 아무도 말하지 않는다. 사람들은 인도자의 지시에 따라 노래를 몇 개 부른다. 기도의 시간이 따라오고 설교자가 설교를 한다. 그리고는 다 집으로 돌아간다. 미국에서 그런 식으로 모인다. 그리고 알바니아에서도 마찬가지이다. 복음주의 기독교가 들어간 곳은 지상 어느 곳에서나 다 똑같다!

그 결과 알바니아 기독교인들은 이미 당신이 가진 습관들에 물들었다. 그것을 가리켜 일요일 아침에 "멍하니 먼 곳을 응시한다"thousand-yard stare라고 부른다.

우리는 알바니아에서, 기독교 역사를 통틀어 그 어느 곳에서보다도, 더할 나위 없는 깨끗한 바탕 위에서 시작할 수 있었다. 그리고 혁명적인 변화를 그 곳에 소개할 수 있었다. 올바르게 할 수 있었던 호기였다! 그러나 우리가 형편 없는 수출업자인 것이 드러났다. 그것도 가장 볼품 없는 제품을 수출하고 있다.

알바니아는 백지 상태였기 때문에 우리는 2,000년 만에 가장 좋은 복음 전파의 기회를 맞았던 셈이다. 그 대신에 그 곳은 우리 현대 기독교의 모든 실패작의 실험 무대로 전락해 버렸다.

알바니아는 이제 일어나 우리를 향해 절규하고 있다. 우리가 답습하고 있는 기독교 신앙 전체의 무미건조함에 대해서 절규하고 있다. 특히 우리가 만들어 가는 "교회"에 대해서 절규하고 있다. 우리는 이 순진한 사람들에게 우리의 따분하고, 지루하고, 생명력 없고, 수동적이고, 기독교인을 죽여 버리는 주일 아침 교회 예배를 안겨 주었다.

이것 위에 우리의 다른 모든 의식과 종교적 관습도 선사했다.

간단하게 표현하자면, 주일에 우리가 모이는 방식은 구제 불능의 실패작이다. 그것은 또한 지금 우리 신앙 안에서 악영향을 끼치는 가장 파괴적인 힘이다.

주일 예배보다 더 기독교 신앙을 과소평과하고 파괴하는 것은 없다. 하지만, 우리는 뻔뻔스럽게도 이 형편 없는 실패작을 전 세계에 수출했다!

더 좋은 방법이 있다! 미국을 위해, 알바니아를 위해, 다른 모든 곳에 있는 성도들을 위해 정말 더 좋은 방법이 있다. 주일 예배보다 훨씬 더 좋은 뭔가가 있다.

알바니아를 포함해서 미국인들이 들어갔던 모든 나라의 기독교 사역자들과 미국에서 "교회"를 주관하고 있는 모두에게 고한다. 당신들이 알바니아 기독교인들에게 바라는 것을 버리라! 미국에 있는 "교회 모임"이라는 것을 버리라. 500년 묵은 개신교의 모임 방식에 종지부를 찍으라. 모임을 갖되, 500년이나 된 케케묵은, 닳고닳은, 죽음을 불러일으키는 모임 방식은 안 된다!

지난 450년 동안 행해온 주일 예배는 완전한 실패작이다.

혁명이 일어나야 한다! 이 책은 바로 그 혁명에 관한 책이다. 미국에서 그리고 다른 모든 곳에서!

주일 예배 시간이 지루해서 죽을 지경인 평신도에게 당신은 권리를 갖고 있다. 모임 방식에 혁명을 일으킬 권리가 있다. 미국에서, 알바니아에서, 그리고 이 지구상 전체에서, 지금 하는 것보다 훨씬 더 좋은 것을 경험할 권리가 있다.

알바니아에서 선교하는 사람들은 아마 성서학교, 신학대학원, 주일학교, 신학서적, 성서공부에 대해 이미 궁리하고 있을 것이다. 눈을 열라. 알바니아에 무엇을 가지고 가든지 상관없다. "주일 교회"의 모임 방식을 폐기해 버리지 않는다면 알바니아의 그리스도교는 아주 괴로운 것이 될 것이다. 그리고 죽게 될 것이다.

마찬가지로 지구상의 다른 모든 곳에서도.

"교회"는 위에서 아래까지 혁신적인 혁명을 필요로 한다. 새 천년에, 새롭고 급진적인 혁명이 일어나, "교회"에 지각변동이 일어나야 한다. 그렇지 않으면 "교회"는 가톨릭이 유럽에서 그랬던 것처럼 미국에서도, 삶과 아무런 관련이 없는 것으로 전락하고 말 것이다. 얼마나 관련이 없는가? 프랑스의 대도시에 있는 일반 가톨릭 성당은 주일에 여섯 명 정도만 참석하면 무척 행운으로 여길 것이다.

지금 알바니아에서 사람들이 구원 받는다고 신이 날 수 있다. 그러나 아이들은 지금 물들어 가는 교회 전통들의 저주 아래 살게 될 것이다. 당신이 동유럽을 방문할 기회가 있다면, 주일 아침 동방정교의 예배에 참석해 보라. 죽은 냄새가 진동할 것이다. 그것도 수천 년 묵은 시체 썩는 냄새가. 언젠가는 복음주의 기독교 모임 방식도 그렇게 나타나게 될 것이다!

오늘날 기독교인들이 모이는 방식은 우리가 행하는 모든 것을 죽일 수 있고 또 죽일 것이다. 우리가 아무리 노력해도, 현재의 모임 방식이 파괴시킨 결과에 반격을 가하거나 그것을 정복할 수 있는 것은 아무것도 없다. 전혀 없다.

우리가 이 해롭기 짝이 없는 주일 의식에서 완전히 돌아서지 않는다면, 아무것도 치료할 수 없고, 아무런 문제도 해결할 수 없고, 아무것도 개선할 수 없고, 아무 진전도 없을 것이다. 기독교 안에서 당신이 해 보고 싶은 것을 다 해보라. 무엇이든지 시도해 보라. 기독교 역사상 가장 큰 부흥을 경험해 보라. 주일 교회 예배가 3년 안에 그것들을 다 죽여 버리고 말 것이다!

이 책은 극단적이라고 할 정도로 혁신적인 그 무엇을 제안하고자 한다. 완전히 새로운 모임 방식을 소개하려고 한다. 이것은 무슨 개혁이나 개선에 관한 책이 아니다. 뭔가 절대적인 것에 관해, 그리고 무엇을 폐기처분 하는 것에 관한 책이다. 그것은 우리가 모이는 방식을 통째로 내버리는 것을 의미한다.

완전히 새로운 전제로 시작해야 한다. 완전히 다른 개념으로 시작해야 한다. 현재 미국 기독교가 행하는 것과는 동떨어진 차원으로 시작해야 한다.

혁명적으로 새로운 모임 방식.

이 책을 왜 썼는지, 다음의 이야기가 그것을 이해하도록 도와줄 것이다. 그 이야기는 당신의 교회 모임이 왜 죽었는가를 이해시켜 줄 것이다. 그리고 왜 이 지구상의 모든 기독교 모임이 죽었는가도 아울러 이해시켜 줄 것이다.

왜 수많은 기독교인들이 더 이상 "교회 가는 것"을 견디지 못하는가에 대해서 이해시켜 줄 것이며, 그리고 회심한 기독교인들은 많은데 어찌해서 떼를 지어 교회에 다니는 것을 중단하는가에 대해서도 이해시켜 줄 것이다.

그들의 수가 수백만을 헤아린다. 이 비극은 복음이 전파되어 주일 교회 예배가 소개된 130여 개국에서도 역시 무시무시한 파괴력을 과시하고 있다. 기독교인들이 그런 모임에 가는 것을 그만두는 것이다. 그들은 항상 그렇게 해왔고 앞으로도 계속 그럴 것이다! 기독교인들에게 두 가지 선택이 있다.

첫째, 교회 가는 것을 중단하는 것.
둘째, 계속 다니면서 비참해지는 것!

주일에 "교회에 가는" 용감한 영혼들은 그들이 들은 설교 내용을 당신에게 말해 주지 못한다. 교회당을 떠난 지 5분도 채 안되어서 다 잊어버린다.

지금으로부터 50년 후에, 오늘날 복음이 막 전파되고 있는 새로운 나라의 교회들은 미국이나 영국에 있는 교회들과 똑같은 모습이 될 것이다. 죽은 모습!

　현재의 교회 예배는 우리가 하는 것은 무엇이든지, 그것의 중심과 정신과 능력을 다 죽여 버릴 것이다.

　복음의 문이 열린지 한 달쯤 된 시점의 알바니아로 필자와 함께 돌아가 보자. 필자가 느낀 감정을 당신도 경험해 보라. 현재의 교회 관습이 거기서 무슨 짓을 하고 있나 보라. 그리고 미국에서, 우리 모두에게서.

옮긴이의 글·초대교회로 돌아가자는 게 아니다

"말씀 중심의 교회!" 또는 "초대교회로 돌아가자!"와 같은 구호가 오늘날 교회에서 유행한다. 그런데 정작 그런 구호가 구체적으로 무슨 뜻인지는 교회마다 다르고 목사마다 달라서 종잡을 수가 없다. 너도나도 다 자기 교회가 성서적이라고 주장하지만, 그 내용들은 천차만별이니 영 헷갈린다.

그러나 한 가지만큼은 분명하다. 그런 구호를 외치는 교회들 중 대부분은 절대로 말씀 중심의 교회이거나 초대교회를 닮은 교회가 아니라는 사실이다. 왜냐하면 성서에 등장하는 교회들이나 초기의 교회들에서 그런 구호를 외치는 교회들의 모습과 비슷한 점을 찾기가 힘들기 때문이다.

한동안 서구의 교회들은 한국 교회의 양적 증가에 놀라서 상당한 관심을 가졌었다. 그도 그럴 것이, 세계 최대의 교회, 세계 최대의 장로교회, 세계 최대의 감리교회, 세계 최대의 침례교회가 모조리 한국 땅에 있었기 때문이다. 이런 양적 증가의 비결을 터득하고자 뭔가 한 수 배워 보겠다는 서구의 목사들이 알지 못하는 사실이 하나가 있다. 이런 현상은 이미 미국에서 한 때 벌어졌었고, 그전에 영국에서 벌어졌었고, 그전에 유럽 대륙에서 벌어졌었던 현상이라는 사실이다. 뭐 별로 놀랄 일이 아닐 뿐만 아니라, 한국 교회도 얼마 안 있으면 그들처럼 될 것이라는 것을 그들은 몰랐다.

한국 교회가 그렇게 되다니? 꼭 그렇게 된다. 왜냐하면 한국 교회는 미국 교회의 복사판에 뭘 좀 더 붙여놓은 것밖에 없기 때문이다. 둘 다 본질이 같기 때문에 서구 교회의 운명이 곧 한국 교회의 운명과 직결되는 것은 자명하다.

이런 사실을 좀 아는 사람들이 새롭게 시도해 보는 것들이 있다. 제자 훈련, 평신도 훈련, 개인전도 훈련, QT 훈련, 찬양 사역, 복음의 회복, 영성 회복, 열린 교회와 같은 개인 신앙에 초점을 맞춘 것들이나 자연적 교회성장, 목장 교회, 셀 교회, 가정 교회, G12 등 교회에 초점을 맞춘 것처럼 보이지만, 알고 보면 교회의 존재 목적을 모르고 열심 내는 것들이다.

그것도 아니면 애초에 기존 교회에 식상해서 우찌무라 간조나 김교신과 같은 무교회 운동에 심취해 있는 사람들도 있으나, 그들 역시 교회가 무엇인지 모른채 개인 신앙에 몰두한 사람들이다.

물론 이런 것들은 기존의 전통 교회들보다는 좀더 신선한 면이 있겠으나, 이것들도 다 미국이나 영국의 제도권 교회에서 유행하는 것들이다. 이런 것들은 집으로 말하면 쓰러져 가는 기둥들은 그대로 놔둔 채 다른 것들만 열심히 수리하는 격이다. 왜 그런지는 이 책이 잘 설명해 줄 것이다.

오늘날 많은 교회가 평신도 사역의 중요성을 깨닫고 평신도들을 적극 활용하려 한다. 이것은 어디까지나 활용일 뿐이다. 교회의 조직이 돌아가도록 필요한 인력을 충당하는 것일 뿐이다. 세상의 정부나 회사와 다를 것이 없다. 따지고 보면 이것은 마치 잠자는 평신도들을 깨워서 쇠사슬에 묶어놓는 것과 같다. 따라서 더 고통스럽다. 모를 때가 차라리 더 나았을지도 모른다. 가뜩이나 장로, 안수집사, 서리집사, 권사, 구역장, 여선교회장, 성가대장, 위원장, 부장, 주일학교 교장, 교사 등 평신도 안에 계급이 존재해서 상관 비위 맞추는 것도 괴로운데, 교역자에도 당회장, 담임 목사, 협동 목사, 수석 부목사, 부목사, 교육 목사, 음악 목사, 강도사, 전도사 등 계급이 있듯이 이제 신종 계급인 평신도 지도자, 간사, 순장, 목자, 예비 목자, 셀 리더, 예배 인도팀과 같은 직분들이 출현해서 계급의 폭이 오히려 훨씬 더 늘어났다. 마치 무슨 태권도의 띠하얀띠, 노란띠, 빨강띠, 검은띠처럼한국 태권도가 미국에 건너가 미국 태권 도장엔 신종 띠가 많이 출현했다 각 띠마다 줄무늬를 하나씩 집어넣은 띠들이 중간 중간에 많이 생겼다. 결과적으로 목회 기술자들목회자을 보조하는 사역 기술자들평신도 사역자이 많이 생겼다.

이런 식으로 하면서 "초대교회로 돌아가자!"고 한다. 그러나 그런 식으로 해서는 초기의 교회로 돌아갈 수도 없을 뿐더러, 또 돌아가서 어쩌겠다는 것인가?

이 책은 초대교회로 돌아가자고 주장하는 책도 아니고, 우리도 초기의 교회들이 했던 것과 똑같이 해야 한다고 외치는 책도 아니다. 물론 이 책은 1세기 교회들이 어떻게 했는가하는 이야기로 가득 차 있다. 그러나 그것은 어디까지나 이야기이다. 그 이야기를 바로 알아야 오늘 우리가 교회를 어떻게 만들어 가야 하는지를 알 수 있기 때문이다. 그 이야기를 알아야 하나님께서 원하시는 교회의 모습을 알 수 있기 때문이다. 무슨 틀에 박힌 공식이나 방법론을 제시하려는 책이 아니다.

그럼 이 책의 강조점은 무엇인가? 딱 두 가지이다. 아니, 실은 한 가지이다.

머리이신 예수 그리스도 아래 모든 지체들이 기능을 발휘하는 몸이다.

간단하다고? 물론, 말하기는 간단하다, 그러나 이 진리가 얼마나 어마어마한 것인 줄 아는가? 천지개벽이 일어날 만한 진리이다. 이것이 우리 인생의 전부이다. 하지만, 이것을 제대로 이해하는 기독교인은 많지 않다. 교회에서 설교 때 종종 등장하기도 하고, 성서공부 때 강조되기도 하지만, 그 실체를 경험하고 설교하거나 가르치는 사람은 극히 드물다. 이것은 마치 어떤 여자와 결혼도 하지 않고 그 여자에 관한 정보를 얘기하고 논하는 것과 같다. 결혼이 경험인 것처럼 예수 그리스도와 교회의 관계도 경험되어야 한다. 신학도, 교리도, 성서 지식도 아닌 경험으로만 그것을 알 수 있다. 원어를 잘 안다고 될 일도 아니다. 오직 그리스도를 경험하고 그분의 몸인 교회 생활을 경험한 사람만 알 수 있다.

그런데 현대 기독교는 예수 그리스도와 교회를 모른다. 아는 것

같이 착각하고 있지만, 알지 못한다. 이 책의 저자인 진 에드워드 Gene Edwards도 그렇게 착각했던 사람이었다. 그는 70년 전 미국 텍사스의 유전 지역에서 태어나 대학 3학년 때인 17세에 예수 그리스도를 주님으로 영접했다. 그리고 그는 18세에 대학을 졸업하자마자 텍사스주의 포트워스Fort Worth에 있는 세계 최대의 신학대학원인 남침례신학대학원Southwestern Baptist Theological Seminary에 입학해서 22세 때 석사 학위를 받고 졸업했다.

그는 신학대학원에 입학하자마자 장학생으로 선발되어 스위스의 침례신학대학원에 1년 간 교환 학생으로 다녀왔다. 그때 그는 이스라엘과 바울이 다녔던 곳 전부, 그리고 로마, 스위스, 독일 등지를 돌아다니며 기독교 역사에 심취했다. 그 어린 나이에 기독교 역사의 왜곡된 진실을 많이 접하고 눈이 열리기 시작했다.

에드워드는 신학대학원 재학 시절부터 목사 안수를 받고 두 곳의 교회에서 목회했다. 그는 그의 특유의 복음 전도 전략을 사용해서 시골 교회를 크게 부흥시켰다. 25세 때 목회를 그만두고 전문 복음 전도자가 되어 침례교단뿐 아니라, 다른 많은 주요 교단에 돌풍을 일으켰다. 복음 전도에 부분에서 일약 스타가 되어 사방에 초청되었고, 수많은 영혼을 그리스도께로 인도했다. 그가 쓴 복음 전도에 관한 책 두 권이 미국에서 베스트셀러가 되기도 했다. 그러나 29세 때, 그는 전혀 그리스도를 알지 못하는 자신을 발견하였다. 성서도, 신학도, 기독교 역사도, 사역도 잘 알았지만, 예수 그리스도를 몰랐다. 그분의 몸이요 신부인 교회도 알지 못했다. 그리고 제도권 기독교를 두루 섭렵한 그는 거기에는 아무런 소망이 없다고 판단했다. 거기서 예수 그리스도를 아는 사람을 찾기가 힘들었기 때문이다. 아는 사람은커녕 그리스도를 알고자 갈급한 사람을 만나기도 힘들었다.

그리스도에 너무 목말랐던 에드워드는 예정되어 있던 수십 개의 세미나와 집회를 다 취소한 채, 그리스도를 알고자 매달렸다. 그리스도를 잘 아는 사람들이 있나 해서 그들을 찾아 사방을 돌아다니기도 했고, 집에 틀어박힌 채 고민하기도 했다. 그런 와중에 중병에 걸려 고통스런 시간을 보내기도 했다. 그는 나중에 종종 목사들과 복음 전도자들에 대해 다음과 같이 말하곤 했다.

"우리는 엉터리 신을 좇고 있습니다. 우리의 신은 예수 그리스도가 아닙니다. 우리가 무릎 꿇은 신은 하나님을 섬기는 신입니다. 우리는 그리스도를 섬기는데 사로잡혀 있습니다. 우리 나름대로 주님께서 원하는 것이 무엇인지를 판단해서 섬기고 있습니다. 우리가 생각하는 바 주님께서 강조하신 것들을 이루어 보려 하고 있습니다. 주님께서 우리에게 바라시는 것을 우리 나름대로 생각해서 성취하려 하고 있습니다. 그러는 동안 우리는 우리가 거의 알지 못하는 주님을 섬기고 있는 것입니다. 나는 그리스도를 섬기는 신을 포기했습니다. 이제 나의 신, 나의 하나님은 그리스도 입니다!"

그는 제도권 기독교를 떠났다. 복음주의 신학이나 개신교 신앙의 역사적 교리들을 떠난 것이 아니고, 복음주의 기독교에서 행하고 있는 것들을 떠났다. 그리고 지난 40년간 한 번도 후회해 본 적이 없을 뿐만 아니라, 자신과 같은 길을 걸어갈 사람들을 주님께서 많이 부르시기를 소망하고 있다.

오직 예수 그리스도와 그분의 몸인 교회에 목말라 있는 사람들.

이 책을 읽으면, 그런 목마름을 해소시켜 줄 그리스도와 교회를 만날 수 있을지도 모른다. 그것은 오직 당신에게 달려 있다. 초대교회로 돌아가는 게 아니고, 지금 현재 살아계신 머리 그리스도와 살아 있는 그리스도의 몸을 만날 소망이 당신 안에 부풀어 오르기를 바란다. 그리고 이 책이 제안하는 대로 꼭 실천해 보기 바란다. 그렇게 실천하기 위해, 참고로 내가 먼저 번역한 책『이교에 물든 기독교 *Pagan Christianity*』(대장간 역간)를 꼭 읽을 것을 권한다. 그 책의 내용과 이 책의 내용을 잘 이해한다면, 당신의 인생에 혁명 그 이상이 일어날 것이다!

제1부

오늘날의 교회 현실

1 _ 비극

> "하나님께서 그분의 교회가 사랑으로 세워지기를 바라고 계시는 동안,
>
> 사람들은 돌을 가지고 온다."
>
> – 타고르 –

그것은 알바니아 중부지방 어딘가에 있는 가정집에서였다. 어느 날 오후에 우리는 현관 앞에서 모임을 갖고 있었다.

25명의 알바니아 성인 성도들이 참석했다. 그들 중 23명쯤이 예수님을 믿게 된 지 한 달도 채 되지 않았다. 한 달도 안 되었음을 꼭 마음에 두기 바란다. 그 모임은 그들의 네 번째 모임이었고, 그날은 주일이었다.

그 곳은 바로 얼마 전까지만 해도 하나님이라는 단어가 존재하지 않았던 땅이었다. 순수하기 그지 없는 사람들이었다. 여기 현관 앞에, 두 세대 동안 모든 종교가 금지되었던 그 땅에, 그리스도 안에 들어온 지 한 달도 채 되지 않은 성도들이 가득 모여 있었다. 종교적 전통이라는 것도 존재하지 않았고, 그들 중 종교적 전통에 대해 알고 있거나 그런 것을 들어본 사람도 없었다.

그날 오후에 벌어진 장면이 이 책을 쓰도록 자극했다.

우리는 현관에서 점심 식사를 함께 했다. 모든 것이 지극히 자연스러웠다. 그리고 나서 "모임"을 시작할 시간이 되었다. 나는 거기서 벌여진 광경에 아연실색하고 말았다. 나는 속으로, 이것은 때묻지 않은 알바니아식 모임이겠거니 했다. 그 전까지는 모든 것이 자연스러웠고, 격식도 없었고, 재미있었고, 정상적이었다.

갑자기 그 성도들을 인도하던 사람들이 벤치를 일렬로 몇 줄을 만들어 놓았다. 꼭 무슨 "교회"처럼.

일렬로 몇 줄을! 꼭 교회 건물 안에 있는 것처럼! 거기는 어떤 가정집 현관이었는데도!

모두가 앞을 향해서 앉았다.

그리고 모임이 시작되었다.

내 평생에 그런 식과 똑같은 모임에 수천 번도 더 가 보았다. 세계 여러 나라에서, 다른 점이라곤 하나도 없는! 전혀 없는! 이 지구상에 어디든지, 미국, 영국, 태국, 독일, 이집트, 혹은 아프리카 어느 곳에서나, 모임은 똑같았다.

한 달도 채 안되었는데 알바니아는 이런 의식을 기독교의 유일한 모임 방식으로 이미 받아들였다. 선교를 망쳐 버렸고, 문화와 독특함도 망쳐 버렸다. 다르게 할 수 있는 단 하나의 기회마저 사라져 버리고, 세계의 다른 모든 나라와 똑같이 되어 버렸다!

여기 암흑의 땅에 있는 어느 현관에 모였던 새로운 회심자들이, 미국의 여느 제일침례교회와 똑같은 개신교복음주의 주일 아침예배를 하고 있었다! 북미의 360,000개 교회와 지구상의 수도 없이 많은 교회의 예배 방식의 복사판이었다!

알바니아에서, 미국에서, 모든 것이 "봉쇄된 주일 의식"에 의해 밀려나 자리를 비켜줘 버렸다. 이런 죽은 냄새를 풍기는 의식이 지난 450년 동안 건드리면 큰일나는 개신교의 신성한 소였다.

그것이 또 나타나서 알바니아를 휩쓸었다. 한 사람이 모든 찬양을 혼자 선곡했고, 그 사람이 인도하는 대로 우리는 앉아서 듣고 있었다. 우리는 시키는 대로만 해야 했고, 아무런 역할도 주어지지 않았다. 그저 따라갈 뿐이었다!

책임을 맡은 사람들이 모임을 좌우했던 게 아니라, 아예 그들 자체가 모임이었다. 지난 5세기 동안을 떠돌아 다녔던 망령이 지켜보는 가운데, 배열된 3개의 벤치에 25명의 성인 남녀가 앉아서 15명의 아이들은 바닥에 앉아서 듣고 있었다!

이제 이 책이 탄생된 순간에 대해 얘기할 때가 되었다.

지도자들 중 하나가 "다 같이 기도합시다"라고 했다.

그 말을 듣자마자 아이들이 갑자기 콘크리트 바닥에 무릎을 꿇었다. 그들의 무릎 꿇는 동작이 얼마나 빨랐는지, 마치 한꺼번에 총탄을 맞고 쓰러지는 것 같았다. 열 다섯 명의 아이들이 삽시간에 무릎을 꿇었다. 그리고는 전부가 다 눈을 감고, 두 손을 모아 턱밑에 갖다대고, 그 유명한 "이제 내가 여기에 잠들다" 포즈를 취했다.

바로 그 때, 이 책이 탄생하게 되었다.

알바니아의 문화, 독특성, 독자성, 그리고 사회적 풍습이 내 눈앞에서 서부 유럽 사람들과 미국인들에 의해 강탈당하고 있었다!

앞에서 인도하던 사람들은 평신도가 아니었다. 그들은 성직자 계급이었다. 직책이 있건 없건 간에, 그들은 의식을 주도하는 성직자에 속한 사람들이었다. 그 의식이 성직자 중심이었음을 주목하라! 그들은 모든 성직자가 하는 것과 똑같은 것을 하고 있었고, 하나님의 사람들 위에 자신들의 위치를 높이고 있었다.

그리고 참된 교회생활이나 교회의 유기적이고 원초적인 표현과 같은 그런 거룩한 것들은 결코 기회가 주어지지 않았다.

이런 식으로 해서는 그리스도의 몸 안의 삶의 표현은 알바니아 사람들에게 전혀 알려질 수가 없었다.

알바니아에 있는 대부분의 외국인 기독교 사역자들은, 이 세상 어디나 마찬가지지만, 이 책이 당신에게 보여 주려고 하는 개념에 관해 거의 들어 본 적이 없었다. 결국 그 25명의 귀한 성도들 중 다수는 다시 모임에 참석하지 않을 것이다. 바로 여기에 비극이 있다. 그들이 왜 그런지를 알 수 없는 것! 그들은 그들의 감정이런 따분한 의식에 지치고 관심이 사라진을 표출할 수 없을 것이다. 그들은 그들이 왜 그만두었는지를 이해할 수 없을 것이고, 외국인 사역자들 또한 그런 일이 왜 일어났는지를 이해할 수 없을 것이다. 결과적으로 그 현관에서 우리 눈앞에 펼쳐졌던 믿는 자의 영적 감각을 둔화시키는 그런 비극은 알바니아에서 계속 반복될 것이다. 450년 묵은 판에 박힌 의식.

아, 10년 안에 그 도시 안에 교회 건물이 들어서고, 주일에 500명쯤이 출석하게 될 텐데. 그러나 그들은 거기에 소금기둥처럼 앉아 있을 것이고, 거기에 참석하는 것이 종교적 의무라고 배웠기 때문에 그렇게 할 것이다!

왜 모임이 그렇게 죽어 버렸는가?

개신교 교회의 설교, 회중적, 의자 배열, 강단, 그리고 계속되는 의식의 복잡한 절차는 생명력이 없고, 지루하고, 회중을 영적으로 죽여 버린다! 이 지구상의 이 끝에서 저 끝까지 하나님의 사람들 중 상다수가 지루함 때문에 교회를 그만두게 될 것이다! 수백만 명이 벌써 그만두었다. 매년 수백만씩 그 뒤를 따르고 있다!

다른 나라 기독교인들 수백만 명이 교회를 그만두듯이, 알바니아에서도 그렇게 될 것이다. 그리고 외국인 사역자들 중 그 누구도 자신들이 문제라는 것을 알지 못할 것이다.

그리고 만약 어쩌다가 이 핵심 문제가 확인된다면, 너무 멀리 왔기 때문에 그리고 지난 1,700년 동안 죽 그런 식으로 해 왔기 때문에, 그 누구도 진정 어떻게 바꿔야 하는지를 알지 못할 것이다. 모임 방법의 모든 것을 다 없애는 혁명이 일어나야 한다는 생각은 아직 생각조차도 못하고 있다. 그것은 아직 태어나지 않은 혁명이다!

주일 교회라 불리는 이것이 복음 전도가 이루어 놓은 모든 것을 강탈하고 있다. 미국에서든지, 알바니아에서든지. 외국이든지 자국이든지, 수입되었든지 수출되었든지, 어디에서나!

우리는 우리가 알바니아에서 뭘 하고 있는지를 보게 되었다. 이제 미국의 상황으로 가 보자. 어느 도시에 있든지 상관 없이, 제일 침

레교회라는 곳에 가 보자. 주일 예배가 350,000개가 넘는 미국의 교회에 무슨 짓을 했는지 살펴보자. 교회들에 입힌 손해를 계산해 보고, 세계 다른 곳뿐만 아니라 미국에서 뭘 했는지 살펴보라.

2 _ 주일 아침 대참사

"제도권 기독교는 인간이 받아들일 수 있는 개념, 교리. 영감, 가르침, 그리고 관습 전부에 있어 명확하게 입장을 표명해 왔다. 그러나 단 두 가지를 간과했다. 바로 그리스도와 교회이다."

수백만의 기독교인이 매주일 아침에 그러듯이, 여러 해 전에는 나도 침례교회의 회중석에 앉아 있었다. 그리고 우리는 그렇게 앉아서 멍 때리고the thousand-yard stare 있었다. 역사적으로 어떻게 우리가 여기까지 오게 되었는가?

우리는 매우 불편한 옷을 입고 있었다. 그리고 모두 다 졸음을 참고 있었다. 우리는 단 한 가지 이유 때문에 그 큰 건물 안에 들어와 있었다. 평생토록 우리가 "교회에 가야 한다"고 들어왔기 때문이었다. 교회 모임이 황당하고, 마비되고, 지루하다는 생각이 결코 우리 마음 속에 들어온 적이 없었다. "교회에 간다"는 개념이 모든 것 위에 우뚝 서 있었다.

우리가 매주 따라하는 의식에 관해 살펴보자.

오르간 전주를 하는 가운데 성가대가 들어온다. 우리는 일어서서 찬송을 부른다. 그리고 앉아서 또 찬송을 부른다. 그 다음은 기도,

그 다음에 또 찬송, 또 기도, 그리고 나서 헌금과 성가대의 특송이 그 뒤를 잇는다. 그 다음은 물론 설교 시간이다.

친애하는 독자여, 이것이 인간이 만들어 낸 450년 묵은 의식이다. 우리 개신교인들은 지난 450년 동안 이 똑같은 순서를 변함없이 반복했다. 지구상의 이 끝에서 저 끝까지, 우리 모두가 변함없이. 생각해 보라.

물론 회중석에 있는 우리는 아무것도 한 것이 없다. 즉, 우리는 우리 스스로 뭘 한 게 없다. 우리는 꼭두각시이고, "예배 순서"는 우리에게 매여 있는 줄을 잡아당기는 꼭두각시 조종꾼이다.

우리는 한두 번쯤 일어서서 찬송을 부른다! 나머지 시간엔 거의 혼미한 상태로 앉아 있다. 당신이 이런 교회가 잘못 되었다고 생각한다면, 다음과 같은 의식으로 모임을 시작하는 교회로 가 보라.

잠잠하라
잠잠하라
그분 앞에서
온 땅이여
잠잠하라
그분 앞에서!

400년 이상 우리는 힌트를 얻었다. 450년 묵은 메시지는 회중석을 채우는 사람들이 수행할 역할이 없다는 것이다. 그냥 앉아 있기만 하면 된다!

나중에 찾아온 영적인 갈등 속에서, 나는 필사적인 행동을 감행했다. 자리에서 일어나서 발코니로 걸음을 옮겼던 것이다! 그것은 교회에 가야하는, 참기 어려운 고통을 완화시켜 보려는 헛된 노력일 뿐이었다. 발코니에 갔더니 뭔가 눈이 열리는 듯했다. 거기는 청소년들의 자리였다. 그들에게 속한 구역이었다. 그들은 종이비행기를 접어서 날리고 있었다! 얘기를 나누고, 웃고, 종이에도 뭘 써서 주고받고, 그리고 키스를 하는 등 난장판이었다.

내가 그 발코니에 앉아 있었을 때, 나는 이전 목사요, 복음 전도자evangelist였다. 나는 복음 전도자로 대부분의 시간을 돌아다녔다. 그렇게 돌아다니는 중에 나는 개신교 의식과 '멍 때리고 앉아 있는 것'thousand-yard stare이 침례교에 국한된 것이 아님을 알게 되었다. 그런 지루한 예배는 어디를 가든지, 각기 다른 종류의 교회들에서 똑같이 볼 수 있었다. 똑같은 의식, 똑같은 죽음, 똑같은 지루함, 똑같이 멍하니 허공을 바라보고 있었다.

캐리스매틱 교회도 마찬가지라는 것을 주목하라!

그리고 모임에 "예배"를 도입한 교회들도 마찬가지였다. 주일 아침의 재앙은 전 세계적인 현상으로서, 오순절교회나 침례교회, 장로교회나 소위 "예배를 회복한다"는 최첨단 교회들에서 보편적으로 볼 수 있다. 여전히 회중석에서, 모두 다 앞만 바라보고, 목사가 주도하는 가운데, 일방적으로 하는 설교를 들으며, 그리고 멍하니 허공을 응시하면서….

뭔가 더 좋은 방법이 있어야 한다.

그런데 그런 좋은 방법이 있다.

친애하는 독자여, 당신은 두 단원까지 잘 왔다. 이 두 단원에서는 한 가지 주제를 다루었다. 외국과 미국의 주일 아침 개신교 예배의 저주에 관해서.

우리는 왜 무자비한 주일 예배에 우리 자신을 매달아 놓고 있을까?

거기엔 이유가 있다. 그것을 알아 보자.

3 _ 황당하게 모이는 네 가지 방법

기독교 전체에서 모임을 갖는 방법은 단 네 가지뿐이다. 개신교의 의식부터 살펴보자.

황당한 개신교식 방법

당신이 미국인이라고 가정해 보자. 당신은 당신이 예수 그리스도의 교회의 유기적인 표현을 한 번도 경험해 보지 못했다는 사실을 아는가? 당신이 주일 아침에 회중석, 강단 등이 있는 교회 예배에 참석할 때, 당신은 영국인들이 1600년대 초에 미국에 갖고 들어온 의식에 참여하고 있다. 이와 똑같은 것을 1800년대 말에 미국 선교사들이 한국에 갖고 들어왔음–역주 그 의식은 당신의 것이 아니다. 당신은 영국인이 아니다.

주일 예배라는 것은 외국산이다! 외국인들이 우리에게 안긴 것이다! 이제 미국인들이 그것을 외국에 또 수출하고 있다! 사실 지난 100

년 남짓한 기간 동안에, 미국인들은 100개가 넘는 나라들에게 이런 의식을 물려주는 저주를 서슴지 않았다. 우리는 주일 개신교 예배로 전 세계를 복음화시켰다. 그것은 전혀 자랑할 만한 일이 못 된다. 영국 사람들이 어디서 이런 저주스런 의식을 물려받았는가? 바로 스위스의 제네바이다. 존 칼뱅이 물려 주었다!!

개신교 의식은 인간이 만들어 낸 것이다. 인간의 고안품이다. 인간이 날조한 의식이다. 교회 역사 속에 벌어졌던 우연한 사고이다. 그러나 오늘날 그것은 성서보다도 더 보호막 역할을 하고 있다고 해도 과언이 아니다.

아마 우리의 삶 속에서 하나님보다도 더 보호막을 두르고 있을지도 모른다. 당신은 동의할 수 없는가? 소위 교회라고 주장하는 어떤 단체들은 성서를 믿지 않으면서도 이 의식은 그대로 따라한다. 그리고 나는 기독교인 무신론자들에 대해서 들어봤다! 그들마저도 이 의식에 대해서는 의문을 품지 않는다.

우리 개신교인들이 모임을 갖는 이런 "방식"은 1538년과 1542년 사이에 시작되었다. 460년이 넘은 방법이다! 그 동안 거의 변함 없이 그대로 유지 되어 왔다. 처음에도 지루했고 지금도 지루한 건 마찬가지다. 그리고 앞으로도 영원히 지루한 상태로 계속될 것이다.

그러나 누군가, 미국에서든지 아니면 다른 어느 나라에서든지, 교회를 시작한다고 해 보자. 삶을 피곤하게 하는 똑같은 모임 방식을 지상 어디에서나 볼 수 있다.

대륙에 관계없이, 인종에 관계없이, 문화에도 관계없이, 개신교인들은 정확히 똑같은 방법으로 모인다. 이 주일 의식이 구원 받은 사람들이 더 이상 주님을 따르지 않는 가장 큰 이유라는 것을 잘 생각해 보라! 이런 의식을 계속 따라간다는 것은 별로 현명하다고 볼 수 없다. 그래서 그들이 도중하차하는 것이다!

구원은 받았지만, 교회당에는 다니지 않는 사람들이 뭐라고 말하는지를 들어보라. "만약 하나님께서 정말 이렇게 지루하신 분이라면, 저는 제 방식대로 더 잘 살 수 있습니다. 저를 지옥에서 구출해 주신 것은 감사드리지만, 교회와 저 괴로운 주일 예배는 주님 홀로 차지하소서!"

하나님의 사람들이 지루함 때문에 교회 건물을 떠나고 있다. 또 그들은 에클레시아에도 이별을 고한다. 에클레시아가 하나님 마음의 중심인데, 그것이 놀라운 것이라는 사실은 차지하고라도!

그러나 국내에서나 외국에서나 여기에 우리 모두의 가장 큰 비극이 있다. 에클레시아를 밀어내고 대신 들어앉은 비참한 죽은 의식은 기독교 신앙의 유기적인 표현이 아니다.

그 의식은 제네바에서 고안되었다. 그 도시 안에서 그 의식은 신앙의 유기적인 표현이 아니었다. 그리고 그 의식이 스코틀랜드로 옮겨갔다. 스코틀랜드에 그것이 도입되었을 때, 그것은 스코틀랜드 사람들에게 낯선 의식이었다. 잉글랜드로 퍼졌을 때, 그것은 잉글랜드 사람들과 전혀 맞지 않는 것이었다.

그 황당한 의식이 배를 타고 미국에 건너와서 우리를 저주했을 때, 그것은 미국 사람들의 기질이나 사고방식에 적합하지 않은 것이었다. 이 비참한 의식은 알바니아 사람들에게도 적합하지 않다. 그리고 지상의 어디서든지 들어맞지 않는다. 하지만, 지상의 모든 나라에서는 이 생명을 죽이는 의식을 우리의 신앙으로 정의한다. 이 해롭기 짝이 없는 의식이 세상을 향해 "이것이 그리스도교다"라고 선포한다.

"이것이 그리스도교다. 우리가 행하는 주일 의식을 보고 기독교 신앙이 무엇인지를 배우라." 그 괴로운 시간은 세상을 향한 우리 신앙을 예를 들어 잘 보여 준다.

만일 이 세상에 당신과 다른 성도들만 남게 된다고 가정했을 때, 당신은 모임을 어떻게 가져야 할지에 대해 경험한 적이 없음을 깨닫고 있는가? 당신은 그런 유기적인 모임에서 당신 스스로를 어떻게 표현할 수 있을지에 대해 당신이 아는 것이 없음을 아는가? 당신은 이 개신교 의식이 당신으로 하여금 유기적인 기독교 모임의 놀라운 경험을 하지 못하도록 방해하고 있음을 아는가?

도대체 존 칼뱅이 누구길래 130개가 넘는 나라들에 살고 있는 5억명의 기독교인들로 하여금 황당무계한 의식을 신봉하도록 만들었는가?

당신은 이 의식이 당신 자신이 아니라는 것을 깨달았는가?

그리고 그것의 존재를 뒷받침해 주는 단 한 개의 성서적 변명도 없다는 사실도 깨달았는가?

무엇보다도 당신의 문화와 기질과 자연적 본능, 그리고 당신의 나라를 반영하는 모임 방법이 있다는 것을 깨달았는가?

그 유기적인 모임이 세상을 향해 외치려고 한다. "이것이 우리의 신앙이다. 우리가 갖는 모임 방식을 통해 표현되는 우리의 신앙을 여러분이 볼 수 있도록, 우리는 기꺼이, 그리고 기쁘게 여러분을 초청한다." 세상은 놀랄 것이다. 그리고 세상은 그리스도교의 의미에 대한 그들의 견해에 수정을 가해야만 될 것이다. 세상은 기독교인들에 대해 갖고 있던 이미지를 바꾸고, 우리의 신앙에 대해 완전히 새로운 면을 보아야 할 것이다!

미국 사람들도 그들 고유의 문화를 통해 교회를 표현할 권리가 있다! 그 표현은 동양인, 남아공 사람, 이탈리아인, 에스키모, 그리고 알바니아 사람의 모임 방식과 달라야 한다. 그러나 지금 우리는 오로지 한 가지 방법에 묶여 있다. 그 한 가지 모임 방식은 우리 모두에게 적합하지 않다. 그것은 인간이 만든 것이고, 답답하고, 지루하다. 죽었다고 해야 할 것이다. 그리고 도처에 두루 편재해 있다!

지금 우리의 피 속에 뿌리를 내린 이 비극적 의식은 우리의 신앙과 세상에 고루 영향을 미치고 있다. 당신은 이것을 바꾸는데 분연히 일어설 생각이 있는가?

어떤 죽은 모임들은 다른 죽은 모임들보다 더 죽어 있다.

불가리아, 루마니아, 헝가리, 체코, 슬로바키아, 그리고 폴란드에 가보라. 이 나라들의 개신교 교회복음주의 교회도 역사가 200년이상 된다.

공산주의에서 살아남은 그 교회들은 우리보다도 더 짙은 의식으로 모임을 갖는다. 그들의 모임은 정말 황당하기 그지없다! 이것은 영국 선교사들이 남겨준 유산이다.

친해하는 동구 유럽 기독교인들이여, 그것을 포기하라! 미국인들이여, 그것을 포기하라! 세계 어느 곳에 있든지, 그것을 포기하라! 그것이 죽어 버리게 하라. 아니, 그것을 죽여 버리자. 그렇지 않으면 우리가 죽을 것이다!

루마니아에 40년의 독재 정권이 물러나고 문호가 개방된 뒤 단 며칠 후에, 나는 그 나라를 방문했다. 그리고 루마니아의 어떤 도시에 있는 스타디움에서 32,000명이 모여 복음을 듣는 것을 목격했다. 그들은 목사들이 장내에 들어서자, 모두 다 일어섰다. 그리고 그 자리에서 6,000명이 구원의 초청에 응했다.

그 6,000명에게 무슨 일이 일어났는가?

만약 전례 없는 기적이 벌어져서 그들 중 3,000명이 그 다음 주일에 "교회"에 나타났다면 어떻게 되었을 뻔했는가? 그 3,000명의 새 신자들이 괴로운 교회 건물들에서 괴로운 주일 아침 의식을 한 번이라도 들이마시게 되었을 것이고, 그들은 결코 다시 찾아오지 않았을 것이다. 결코!

그리고 우리는 그들이 그리스도를 따르지 않는다고 비판했을 것이다. 그러나 잘못은 우리에게 있다. 우리가 만일 주일 교회 의식을 폐하지 않는다면, 복음 전도는 공허한 행사로 귀결될 것이다!

구원 받은 수와, 투자한 시간과, 투자한 돈과, 그리고 실지로 "교회에 가는" 사람 수를 비교한다면, 복음 전도라는 것은 이 지구상에서 본질적으로 시간 낭비에 불과하다 교회 모임에 참석하는 회심자들은 사실상 별로 많지 않다. 우리가 매 주일마다 하나님의 사람들을 몰아넣는 그것을 없애 버리지 않는 한, 그 사실은 영원토록 변하지 않을 것이다!

이론적으로는 그 도시에 수천 명의 새신자가 모임을 가져야 한다. 하지만, 만약 내가 루마니아에 사는 새신자라면 나는 어느 교회 건물의 모임에도 다니지 않을 것이다.

1) 뭔가 더 필요하다

이 말에 귀를 기울여 보라. 현재 기독교인들이 가진 모임 방식의 보따리를 없애 버린다 해도, 우리에게 별로 진전이 없을 것이다. 각 나라가 어떻게 하면 주님의 교회를 독특하고 유기적으로 표현할 것인가에 대한 방법을 찾는데 있어, 지상의 모든 나라에 새로운 결단이 또한 생겨나야 할 것이다.

우리는 모두 해야 할 일이 있다. 각 문화권마다, 나라마다, 언어권마다, 우리 각자가 어떻게 모임을 가져야 할 것인지를 발견해야 한다!

만약 우리가 "주일 교회 예배"에 가 본 적이 없다면, 과연 어떤 식으로 모임을 가졌을까? 이 질문을 곰곰이 생각해 보라. 왜냐하면 그것은 믿는 사람이 가져야 하는 가장 흥분되는 질문들 중 하나이기 때문이다.

그리고 만약 우리가 교회 건물을 본 적도 들은 적도 없다면, 어떤 식의 모임을 갖고 있을까?

우리 복음주의자들이 모이는 방식은 황당하고 지루하기 짝이 없다. 성서적 근거라고는 조금도 없다. 지난 500년 동안 바뀌지 않고 그대로다. 지구 전체 어느 곳에서나 모임이 똑같은 방식이다.

그러나 우리 것보다 더 형편 없는 모임들이 있다.

1,500년 역사의 가톨릭 모임

그레고리 교황이라는 사람이 어느 날 자리에 앉아서 교회의 모임 방식에 대해 글을 썼다. 그 때가 서기 540년경이다. 그리고는 1,500년 동안 교황의 주일 의식은 전혀 변한 적이 없다.

그 날 그레고리가 고안해 낸 그 이교 의식의 모조품이 천년 동안 지구상 전역에서 모든 기독교인들에게 강요되었다! 원하든 원하지 않든 상관 없이. 그것은 인간이 만들어 낸 것이고, 상명하복식으로 강제 집행되었다.

칼뱅이 개신교 의식으로 그것을 대체함으로써 우리의 숨통을 조금 터 주었다.

우리는 지난 1,700년 동안 우리에게 허락된 적이 없는 뭔가를 필요로 한다. 모든 의식주의자가 우리를 상관하지 않고 가만둔다면, 우리는 자연스럽게 모이는 모임 방식을 발견할 권리를 원한다. 그레고리나 칼뱅의 것들보다 훨씬 더 나은 방법이 있다.

그러나 가장 형편 없는 모임 방식은 그레고리가 만들어 낸 것도 아니다. 여기에 공포의 모임 방식 있다.

동방정교

　모임 중에 가장 괴로운 것은 동방정교의 것으로 알려져 있다. 도무지 뭘 하는지 종잡을 수 없는 의식을 두 시간 동안 계속하는 모임이다. 누군가는 이 장송곡 같은 것들의 의미를 알고 있겠지만, 동방정교는 그들의 의식을 2세기와 3세기 기독교인들에게 물려받았다고 주장한다. 미안한 말이지만 그렇지 않다. 그러나 그들에게 그렇게 말하지 말라. 왜냐하면 그런 말을 들으면 그들이 무척 화를 낼 것이기 때문이다.

　무엇이 그들의 모임을 공포스럽게 하는가?

　그들의 모임엔 앉을 자리가 없다는 것이다!

　그 잔인한 모임에서 내내 서 있어야만 한다. 벤치도 없고 회중석도 없다. 1,700년 동안 바뀐 적 없이 서서 의식을 치른다! 그리고 동방정교 사람들은 그들의 교회가 인기 있었던 적이 한번도 없는 이유에 대해 의아해 한다. 만약 그들이 교인들에게 청산가리를 먹으라고 나눠 주었다면, 아마 그것이 그들의 의식보다 인기가 약간 낮은 정도일 것이다!

　이제 또 하나의 괴로운 모임으로 가 보자. 그렇게 많이 알려지지는 않았지만, 광적으로 신봉하고 있는 모임이다. 그런데 불행스럽게도, 그것이 별로 알려지지 않은 모임 방식인데도 어마어마하게 영향력이 크다.

"형제교회"의 모임 방식

내가 참석하기 가장 힘든 모임이 플리머스 형제들Plymouth Brethren 식의 모임이다. 그 이유는 간단하다. 나는 그 안에서 뭐가 벌어지는지 잘 알기 때문이다. 그것을 생각하면 마음이 아프다. 그것은 의식이고, 다른 세 종류와 마찬가지로 지루하기 짝이 없다.

인간이 만들어냈고, 기계적이며, 하나님의 사람들에게 상명하복식으로 강요된, 그러면서도 "신약적인" 방법이라고 주장하는 방식이다. 요컨대 개신교인들과 가톨릭 사람들은 그들의 의식에 대해 생각도 한 적이 없고, 방어 하거나 크게 선전 하지도 않는다. 그 의식들은 언제나 그냥 그대로 그 자리에 있다.

그런데 형제교회 신자들은 그들의 모임 방식을 열렬하게 변호하고 방어하고 강하게 주장한다. 그것 역시 다른 세 종류의 모임 방식과 마찬가지로 지루함에 있어 타의 추종을 불허한다. 그러나 그것의 가장 큰 비극은 그 사람들이 그것이 성서적인 모임 방식이라고 악착같이 주장한다는 사실에 있다.

플리머스 형제들은 1840년경에 그들의 모임 방식을 고안해 냈다. 그것은 나라와 언어와 문화를 막론하고 어디서나 동일하게 지켜진다. 어디에 있든지 어떤 플리머스 형제교회든지 가 보라. 그러면 지상의 모든 형제교회에 가 본거나 마찬가지다. 다른 세 종류의 모임 방식처럼 그것도 바뀌지 않는다!

형제교회에서는 용어만 무성하다. 예를 들어, 대부분의 플리머스 형제교회에는 목사는 없지만, 목사처럼 보이는 확실한 존재가 있다. 그들에게 의식은 없지만, 그들의 모임은 매주 똑같다. 그들이 무슨 운동이나 교단은 아니지만, 실지로는 그것들과 정확하게 똑같다. 그들은 모든 기독교인들에게 개방되어 있다고 주장하지만, 자기들과 똑같이 믿어야 한다는 조건부로 그렇다.

그리고 그들의 의자도 여러 줄로 잘 배열되어 있다. 물론 강단과 소위 "사역"이라는 것도, 이 모든 것을 합치면 개신교의 모임과 대동소이하다. 이것이 오히려 더 형편 없다는 사실을 제외하곤, 이것을 한 번 따라 해 보고 싶은가?

가톨릭, 개신교, 그리고 형제교회, 각각 다 전세계 어디서나 일률적인 방법으로 모인다. 그것은 참으로 형편 없기 그지 없다. 우리 모두의 다양한 표현을 거부하고, 주님의 사람들로 하여금 문화적 표현을 발견하지 못하도록 방해한다.

당신은 형제교회 모임에 대해 생소할지도 모른다. 그것은 다음과 같은 특징들이 있다. 당신은 그것에 대해 맛을 좀 볼 필요가 있다. 플리머스 형제교회가 아닌 많은 그룹도 일반적으로 똑같은 방식을 따른다. 아마 당신의 교회도 그럴지 모른다. 의식하지 못할 뿐.

형제교회식 모임의 가장 두드러진 특징들 중 하나는 "주의 만찬"을 매주일 거행하는 것이다. 똑같은 모임을 똑같은 방식으로! 매주 그리고 영원히.

토저A.W.Tozer는 이런 형제교회의 가르침에 대해 일침을 놓았다. "신약성서에는 그런 가르침에 대해 쥐꼬리만한 증거도 없다."

형제교회는 신약성서를 여기저기 뒤졌다.1) 그리고는 떼다가 붙이기, 이어 맞춰 누비기, 베어 맞추기 방식을 사용하여, 여러 군데 있는 구절 부스러기들을 모아 묶은 다음, "신약성서적 모임 방식"이라는 것을 만들어 냈다. 그러나 웬걸, 그들은 자기들이 싫어하는 많은 구절은 다 제해 버렸다.

당신은 이런 모임을 두 주 내지 세 주 정도는 좋아할지도 모른다. 그리고 그 다음 십 주는 나름대로 버텨낼 것이다. 그러나 그것은 고통스런 시간이 될 것이다. 본질적으로, 그들의 주의 만찬 모임은 장례식을 방불케 한다. 대부분 그것은 인간이 만들어 낸 것이고, 다른 세 가지 모임 방식들처럼 상명하복식으로 하나님의 사람들에게 강요된 것이다. 그것은 밑에서 시작해서 위로 향하는 유기적인 방법이 아니다! 그러나 당신이 만약 그것이 신약성서적이라고 막연하게나마 정당화시키고 싶다면, 뛰어들어 보라. 성서적이지도 않으면서 그런 것처럼 표방하고 있다.

내 생각엔, 지금부터 천년 후에도, 그때까지 주님께서 재림하시지 않는다면, 형제교회는 이와 똑같은 모임을 계속할 것이고, 계속 이것이 1세기의 성도들이 "주의 만찬"을 거행했던 방식이라고 주장할 것이다. 재차 말하지만, 나라와 문화에 관계없이, 지구상 어디를 가도 이 모임은 똑같을 것이다.

형제교회 모임들에 유기적인 것이라곤 없다. 그것들 안에 사람들

---

1) 형제교회의 창시자인 존 다비(John Darby)는 실제로 신약성서를 뒤져서, 여기저기 흩어져 있는 구절들을 모아 이어 붙여서 "성서적 모임 방식"이라는 것을 꾸며냈다.

에게 부담 없이 들어맞는 문화적인 경험도 없고, "우리의 것"과 동일시할 만한 것도 없다.

그 모임은 왜 그렇게 지루하고 의식에 매여 있을까? 아마 이전 성공회 신부가 그것을 고안해 냈기 때문일 것이다! 그리고 존 다비의 모든 가르침과 마찬가지로, 그것은 그 자체의 세속적이고도 숙명적인 철학을 반영한다.

형제교회식 모임의 또 다른 속성은, 일반적으로 여자들이 모임에서 말할 수 없다는 것이다. 형제교회 주의에 영향을 받은 모든 모임에서는, 적어도 교회 안에서 여자들의 위치가 열등하다.2)

형제교회식 모임의 다른 특징들은 내재하시는 주님, 즉 그리스도와의 살아 있는 관계성을 사실상 부인하고 성서에 대해 지나치게 강조한다는 것이다. 성서와 그리스도에 이런 식으로 접근하는 것에 대해 누군가 다음과 같이 지적했다. 수정주의적이고, 세속적이며, 숙명적인 철학적 신학! 이런 가르침들은 또한 서로 결속시키기에 강하다. 그것들은 "우리가 정복자"라는 뜻을 내포한다. 그것들은 또 여자들이 머리에 뭘 뒤집어써야 한다고 강조한다.

1) 누군가 바꿔야 하지 않겠는가

가톨릭 사람들이 언젠가는 그레고리가 도입했던 주일 아침 예배를 포기 할 가능성이 좀 있다. 개신교인들도 언젠가는 존 칼뱅이 우

---

2) "그리스도 안에 남자도 여자도 없다"라는 것에 대해 그들은 다음과 같이 대답한다. "그리스도 안에는 남자도 여자도 없다. 그러나 교회 안에는 남자와 여자가 구별되어야 한다."

리에게 물려준 것을 폐기처분 해 버릴 소망과 기도와 꿈이 있다. 그러나 형제교회식 교회들이 "주의 만찬"을 폐기할 가능성은 아마 거의 제로에 가깝다고 봐야 할 것이다.

2) 네 가지 모임 방식 모두의 공통점은 무엇인가

위의 네 가지 모임 방식의 공통점은 무엇일까? 우선 그것들 모두 인간이 만들어 냈다는 것이다. 고안된 작품이다!

둘째로, 그것들은 상명하복식으로 우리에게 주어졌다. 맨 위에 있는 성직자들이 이런 종류의 모임들을 우리에게 강요했다. 모임 방식이 주님의 사람들에게서 오지 않았다. 즉 아래에서 위로. 당신에게 강요된 방법이다. 어떻게 모일 것인가에 대해 당신의 문화에서, 사회적 배경에서, 그리고 당신의 배경에서 발견한 것이 아니다.

그 네 가지 모임 방식보다 더 좋은 방법이 있다! 그리스도의 몸이 어떻게 모일 것인가에 대해 스스로 발견하는 것이다.

그렇게 할 수 없다고 생각하는가? 그것은 마치 독수리에게 날 수 없다고 말하는 것과 같다. 나는 독수리들이 날아가는 것을 본 적이 있다! 그리고 나는 하나님의 사람들이 에클레시아를 유기적으로 표현하며 태동하는 것도 보았다. 그들이 경험하게 된 것이 아래에서 시작해서 위를 향하는, 그들 스스로 발견한 것임을 보았다. 밑에서부터 위로 향하는 모임!

3) "신약성서적 모임"을 갖는 문제

당신은 아마 "신약성서적 모임이 왜 안 되는가?"라고 질문할 것이다. 신약성서를 보는데 두 가지 방법이 있다.

첫째, 무슨 최고 권위를 가진 지침서로 보는 것이다.

어떻게 모일 것인가에 대해 성서에서 구절들을 뽑아 재구성하는 것이다. 프랑켄슈타인이라는 위험천만한 과학자가 기본적으로 그것과 똑같은 접근 방식을 사용해서 생명을 만들어 냈다. 다리는 여기에서, 손은 저기에서 잘라다가 서로 이어 부쳐서, 보라 사람이다! 둘 다 뭔가 들어맞지 않는다.

둘째, 1세기 성도들의 역동적이고 유동적인 이야기를 보는 것이다.

에클레시아들이 각각 스스로 모임 방식을 발견하는 그들의 전체적인 파노라마를 보면서 당신도 그것을 발견하는 것이다. 그리스도 중심의 복음이 가진 역학, 즉 성도들 안에서 활발하게 움직이고 있던 복음의 능력이, 그들의 순회 교회개척자들교회를 세우기 위해 순회하던 일꾼들과 내제하시는 주님의 도움에 의해, 그들로 하여금 그들 자신의 독특한 모임 방식을 발견하도록 만들었다. 당신이 이런 식으로 성서를 볼 때 당신 앞에 펼쳐지는 것은, 그리스도의 몸이 유기적으로 표현되는 그것각 도시마다 독특하게 그리고 각 문화마다 독특하게이다.

당신 스스로 선택하라. 이 둘 중 하나는 세상을 향해 "기독교인"이 어떤 사람들인가를 말해 주는, 살아 있고 적응할 만하고 유동성 있고 자연스럽고 융통성 있고 매력 있고 믿을 만한 표현이다.

다른 하나는 잘 봐 줘서 위에 열거한 것들의 정반대이다.

우리는 1세기에 어떻게 모임 방식을 함께 발견하였는지에 대해 정면으로 살펴볼 것이다. 그리고 아울러 오늘날은 어떻게 그런 발견을 할 수 있는가에 대해서도 살펴볼 것이다.

혁명이 일어나야 한다. 지상에 완전히 새로운 방식의 "교회"가 태어나려면, 여러 단계에 걸쳐 급진적인 혁명이 일어나야 한다.

우리는 병에 걸려 있다. 그것은 치명적이다. 바로 "교회에 간다"라고 하는 병이다. 치료법은? 그것을 살펴보자!

우리는 엉터리 방법으로 모였다!

우리는 왜 교회 예배가 혐오스러운 것이라는 주요 이슈를 다루지 않았는가?

그 질문을 십여 명의 기독교 지도자와 함께 토론한 다음, 나는 다음과 같은 결론을 얻었다. 사람들은 우리 복음주의자들이 교회를 "하는" 방식을 급진적으로 바꾸는데 있어 이슈를 제기하는 것조차 꺼린다!

우리가 주요 이슈를 피하는 이유는 너무도 분명하다.

기독교의 관습을 바꾸는 것.

겨우 교단 하나의 전통을 바꾸는 것.

일개 교회가 현재 행하는 의식을 바꾸는 것.

이런 생각이 마틴 루터의 가슴을 서늘하게 했을 것이고, 아니면 누군가는 순간적으로나마 이런 생각을 갖는 것조차 꺼릴 것이다. 뭘 좀 개편할 의향은 있다. 재조정하기도 한다. 뭔가 도입해서 첨가시키기도 한다. 양다리 걸치기도 한다. 그러나 모든 것을 다 폐기 처분하고 밑바닥부터 다시 시작하는 것은?

말도 안돼! 그런 생각을 하는 것조차 두려워한다. 마치 만화의 주인공 배트맨이나 수퍼맨을 두려워하듯이.

뭔가 그림이 보이지 않는가?

그러므로 친애하는 독자여, 우리 함께 감히 생각조차 할 수 없는 것에 도전해 보자. 우리의 모임 방식을 급진적으로 바꾸는 것을 심각하게 고려해 보자. 가장 고귀한 혁명에 대해 생각해 보자.

과거의 모든 것을 깨끗이 청소하는 뭔가에 대해. 아주 철저하게!

"묵은 포도주가 더 좋다"눅5:39

4 _ 그것은 혁명을 필요로 한다

"그들이 살던 당대에, 그들은 무식하고, 교만하고, 자만하고,

문제만 일으키는 혁명가요, 급진파요, 반역자들로 알려졌다.

그 다음 세대에 가서, 그들은 비전을 가진 사람들, 사도들,

그리고 성인들로 알려졌다.

그러나 위의 두 경우 모두 그들이 한 말은 무시되었다."

주일 교회 예배는 새로운 회심자들을 죽여 버린다. 어떤 때는 그것이 6개월 만에 죽이기도 하고 또는 20년이 걸리기도 한다. 치료법은? 치료법은 병 자체보다 훨씬 나쁘다! 진짜 치료하겠다고 시도하는 것마다 사실상 교회를 분열시킬 것이다.

사람들로 하여금 스스로 모임 방식을 발견하게 하는 것은 오랫동안 잊혀져 왔던 방식으로 돌아가게끔 할 것이다. 그것이 유일한 방법이지만, 오늘날엔 그것이 아주 급진적인 것처럼 보인다. 오직 담대한 사람들만이 그것을 고려해 보기라도 한다. 자, 당신의 발가락을 물에 집어넣고 그것의 느낌이 어떤가 보라.

당신이 첫째로 해야 할 것은 지금 현재 모이는 방법을 폐기 처분하는 일이다. 둘째 단계는 처음부터 다시 시작하는 것이다. 그러나

그것은 다음의 것들을 포기하는 것을 전제로 한다.

설교가 차지하는 중심 위치.
교회 건물의 사용.
오늘날의 목사 개념.

계속 읽어나갈 자신이 있는가? 이것은 첨가된 생각이 아니다. 우리는 지금 실행되는 모든 것을 사실상 완전히 없애야 할 것에 대해 다루고 있다!

누가 과연 그렇게 혁명적인 시도 비슷한 것이라도 하려고 하겠는가?

당신은 일을 처리하는데 있어 이미 고정된 방법을 가졌는가? 그렇다면, 당신의 모임 방식은 교회가 시작된 바로 그 순간부터 굳어져 버렸을 것이다.

당신이 만약 "평신도의 발견"이라는 급진적인 방법을 담대하게 시도한다면, 당신의 과거 전체를 버려야 할 것이다. 당신이 시작할 때 갖고 있는 옛 것을 다 불태워 버려야 한다. 이것은 현명한 것이 아니다. 사실 그것은 아마 불가능할 것이다!

시작은 언제나 매우 중요하다. 그러나 시작이 여기에서처럼 중요할 수는 없다. 내가 경험한 바로는, 당신이 순수한 바탕에서 시작해야 한다는 것이다! 평생 몸에 밴 엉터리 모임 방식의 전통과 결별하려면 꼭 그래야만 한다. 모임의 새로운 방식은 교회의 첫출발의 일부가 되어야 한다.

일단 어떤 그룹이 시작된 후에는, 그 그룹의 방향을 획기적으로 바꾼다는 것은 사실상 불가능하다.

이 책의 2부에서 보겠지만, 비결은 완전히 새로 시작하는데 있다. 완전히 새로운 방법으로 교회가 시작되어야 한다. 과거에 교회가 설립되었을 때와는 전혀 다른 목적으로 시작되어야 한다. 시작이 전부라고 할 수 있다. 그것이 1세기에도 사실이었고, 또 지금도 마찬가지다.

교회가 어떻게 시작되어야 하는가?

21세기엔 이 사람으로 돌아가야 한다.

1세기 에클레시아의 비밀

1세기의 교회들은 전부 교회개척자church planter라고 불리는 사람에 의해 세워졌다. 이 미친 사람바울 같은은 교회를 시작하는데 완전히 다른 접근 방식을 사용했다. 그는 자신이 세운 교회에 잠깐 머무르고 떠나는 개념을 갖고 있었다. 더욱이 주님의 사람들은 실지로 이것을 이해했고, 그것이 아주 좋은 개념이라고 생각하기조차 했다! 그들은 모임 방식을 찾는 것이 그들의 몫이라고 알고 있었다. 그들 고유의 것이지 다른 누구의 것도 아니었다.

옛적 그 시절엔, 교회 생활의 유기적인 표현이 교회가 출생하는 것과 동시에 일어났다. 우리가 주일 아침 개신교회 예배를 결코 유기적이라고 말할 수는 없을 것이다. 그들이 교회에 관해 알던 모든

것은 살아 남기 위한 그들의 환경에서 기인했다. 우리가 교회에 관
해 아는 모든 것은 종교개혁으로부터 직접적으로 우리에게 온 것
이다.

칼뱅과 루터가 우리에게 오늘날의 교회 관습들을 물려주었다. 사
실 그들이 그 관습들을 우리에게 강요한 것이다. 그것은 정치적이고
군사적인 강요였다. 그러나 1세기에는 주님의 사람들이 그들 스스
로 방법을 찾았다.

1세기 성도들은 그들만의 교회 생활 방법을 개발했다. 300년 후
에, 그것은 황제에 의해 강탈당했고, 유기적인 모임이 인간이 만든
의식으로 대체되었다. 종교개혁 때, 인간이 만든 의식들이 또 새로
생겨났다. 우리가 아직도 그것들을 사용하는 것은 시대착오이다.
그런 방식으로 모이는 것은 잘 봐줘서 시대에 뒤떨어졌다고 할 수
있다.

하지만, 미지의 세계의 발견을 위한 새로운 모험은 아무도 제안
한 적이 없다!

종교개혁 "교회"가 어떻게 지구를 덮어 버렸는가?

이제 당신에게 화살을 돌리고자 한다!

지금과 같은 혼돈을 대체하기 위해, 당신은 지난 1,700년 동안 아
무도 항해하지 않았던 망망대해를 향해 모험을 감행해 보지 않겠는
가? 담대하게 새로운 발견을 위해 도전해 보지 않겠는가? 아주 오래
전에 잃어버렸던 것들을 발견하도록.

당신은 변화를 원하는가? 지금 온 세상에 퍼진 교회의 표현방식과 결별하기를 원치 않는가?

이것은 사람들에게 그들의 현재의 주체성을 포기하라고 권고하는 것이다! 착각은 금물이다. 기독교인들이 함께 모이는 방식이 우리의 주체성우리는 누구인가의 핵심이요 생명이다. 그것을 빼앗아가면, 우리는 우리의 주체성을 잃어버리게 된다. 주일에 우리가 어떻게 모이는가가 우리 스스로를 향해, 그리고 세상을 향해 우리가 누구인지를 보여 주는 한 가지 요소이다. 우리가 모이는 방식을 바꾸는 것은 주체성을 둘러싼 모든 요소를 전부 다 바꾸는 것을 의미한다. 친애하는 독자여, 그것이 혁명이다.

혁명의 길을 걸어간 사람은 참으로 드물다.

그러나 우리가 바꾸지 않는다면?

기독교인들은 모여야 한다. 그것이야말로 우리의 종족 본능이다. 하지만, 우리가 모이는 방식이 바로 그 본능을 죽이고 있다. 그리고 그것이 우리로 하여금 "교회의 모임에 가는" 황당한 현실에 관해 생각하는 것조차도 원하지 않도록 만든다. 우리는 우리 신앙의 본질을 무효화시키는 두꺼비집전기퓨즈상자에서 오도가도 못하고 있다.

미국 기독교인들이 지구상의 다른 기독교인들을 위해 할 수 있는 가장 최선의 것은 현재의 모임 방식을 폐기 처분하는 것이다.

이것은 우리를 "시작"이라는 말로 돌아가게 한다.

급진적인 새로운 전제

당신이 올바르게 이 모험을 감행하려면, 교회를 시작할 때 해야 한다. 우리는 에클레시아의 새로운 전제 아래 시작한다. 우리는 예수 그리스도를 에클레시아의 중심에 모시는 쪽으로 옮겨가야 한다. 유기적 공동체를 향해 옮겨가야 한다. 우리는 머리끝이 쭈뼛해지는 모험을 통해 거기에 다다를 것이다!

교회를 세울 때 가장 중요한 점은 사람들 스스로 모임 방식을 찾을 수 있게 허락되어야 한다는 점이다. 1,700년 동안이나 잠잠했던 평신도들이 어떻게 그들의 개성과 문화에 자연스러운 모임의 표현을 발견할 수 있을까?

그것은 그리 쉽지만은 않다.

그럼에도, 교회는 예수 그리스도께 속했고 또 성도들에게 속했다. 교회는 설교자나 성직자나 사역자들에게 속한 것이 아니다. 또 강단 사역이 모임의 중심도 아니다. 주요 핵심은 다른 데 있다.

인종에 따라, 나라에 따라, 문화에 따라, 그리고 언어에 따라 모임 방식이 다르다. 각각의 문화에 따라 모임 방식도 독특하다. 어떻게 모일 것인가는 발견되는 것이지 강요하면 안된다. 그것은 극히 소수만 담대하게 도전했던 바다를 항해하는 모험과 같다. 그 모험은 위험으로 가득 찬 아주 극적인 여정이다!

우리가 살고 있는 지금 그 누구에게도, 이 모험은 잘해야 본전이니 도박과 같다. 그러나 그것은 우리를 흥분시키고 또 우리의 삶을 변화시킨다. 어떤 대가를 지불해서라도, 그 방식을 꼭 다시 발견해야 한다.

종지부를 찍어야 할 것이 무엇인가? 바로 지금 시작 첫날부터 모든 개신 교회에 강요된 부자연스러운 모임 방식에 모든 것이 휘감겨 있다. 바로 이것이 종지부를 찍어야 할 첫째 대상이다.

기독교인의 종족 본능

공동체가 하나로 모임을 갖는 것은 우리 독특한 생명체새로운 피조물가 타고난 것이다. 그 모임은 전혀 형식에 얽매이지 않고, 서로 돌봐주고, 서로 사랑하고, 서로 나누고, 서로 대화를 나누는 교제이다. 피차 주 예수 그리스도에 관해 듣기 원하는 것이 우리 생명체의 고유 본능이다. 이는 예수님과 관련된 수천 가지 이야기에 관해 듣는 것 말고, 예수님의 인격을 만나는 것을 말한다.

우리가 모일 때, 끝없이 지속되는 다양성을 경험하는 것이 우리 생명체의 고유 본능이다. 또한 이런 놀라운 방법들을 우리가 체험하기만 하면, 우리 자신을 평생 동안 서로를 향해 위탁하고 싶은 것이 우리 생명체의 고유 본능이다. 그런 모임들을 갖고자 하는, 제어할 수 없는 욕구가 생기는 것은 우리 생명체에게 너무나도 자연스러운 본능이다. 당신은 우리를 말릴 수 없다! 거기에 도달하기만 하면, 우리는 기능을 발휘하게 된다!

그러나 여기에 가장 흥분되는 일이 있다. 유기적 모임을 보기만 하면 금방 알아보는 것이 또한 우리 생명체의 자연스러운 본능이다. 예를 들면, 중국의 유기적 모임은 미국인에게는 생소하게 보일 것이다. 역으로 미국 문화에 적합한 모임은 중국의 내륙지방에 사는 사람에게는 아주 이상하게 보일 것이다.

바로 이렇게 되어야 한다!

각 나라에서, 우리는 새로운 방식으로 모임을 가져야 한다. 그것이 각각 특정한 문화 속에 살고 있는 성도들에게 본능적이고 자연스러운 방법이다. 어느 기독교인들의 모임이라 할지라도, 그들의 자연스러운 모임 방식을 배우는 유일한 길은 그 방법을 발견하는 것이다. 그들만의 독특한 모임 방식을 발견하려는 목표는 꼭 시작할 때 설정되어야 한다. 시작 첫날에 참여한 각 사람이, 그들이 모험을 감행하고 있다는 사실을 꼭 알아야 한다.

참여한 각 사람은, 그들이 몇 달 못 가서 그룹으로서 스스로의 힘으로 모임을 꾸려나가야 함을 알 필요가 있다.

첫 동작은 당신이 아는 것과는 동떨어진 누군가에게 달려 있다. 그는 순회 교회개척자라고 불리는 사람이다. 자신의 삶과 사역을 잘 조정해서 하나님의 사람들이 그가 아니라 모임 방식을 발견하도록 인도할 책임이 교회개척자에게 있다.

모임 방식뿐만 아니라, 어떻게 행동해야 하는가, 어떻게 기능을 발휘해야 하는가, 어떻게 그들 자신을 표현하는가, 그리고 무엇보다도 어떻게 서로 돌보고 사랑하는가를 발견할 수 있게 하는 책임이 그에게 있다. 이렇게 도움을 주고 또 방향을 설정하도록 인도해 준 후에, 교회개척자들은 그들을 떠나고, 그들을 지도자 없이 남겨두어야 한다!

이것이 성서적인가? 글쎄, 제2부를 읽고 당신 스스로 판단해 보라. 거기서 당신이 알게 될 것은 당신에게 새로울 것이고, 나라마다 다를 것이다. 그 표현은 주어진 문화 속에서 도시마다 조금씩 다르게 될 것이다.

이것은 당신의 삶에 수많은 질문의 화살을 던지게 될 것이다. 그런데 그 질문들은 당신 홀로만 대답할 수 있다. 그렇지 않은가?

이것과 함께, 친애하는 독자여, 여기서 제1부를 마무리하려 한다.

교회를 어떻게 세워야 하는지 알려면, 교회가 어떻게 세워졌는지를 배워야 한다. 그것은 당신을 놀라게 할지도 모른다.

제2부

교회는 원래 어떤 모습이었는가?

5 _ 모임, 1세기 스타일

"교회에 다니는 사람들보다 다니지 않는 사람들 중에,

주 예수 그리스도를 사랑하는 헌신적인 기독교인들이 더 많다."

1세기 신자들은 어떻게 모임을 가졌을까? 혁명이 일어나려면, 본래의 원칙으로 돌아가려면, 우리가 꼭 알아야만 한다. 그리고, 당신이 그것을 원래 상태대로 알게 될 때의 충격을 위해 대비해 두는 것이 좋을 것이다.

당신이 1세기 기독교인들의 모임에 참석하기 전에, 당신의 조직적인 사고방식과 뭐든지 조직하려는 버릇, 그리고 성직자에 대한 개념, 목회, 주일 학교, 설교, 회중석, 교회 건물을 떠나야 한다. 그런 것들을 모두 밖에 놔두고 그들의 모임으로 가야 한다. 그 모임은 새로운 영역이다. 그리고 목사와 목회, 선교회와 선교 단체 같은 조직들은 밖에 버려 둬야 한다. 모두 다!

1세기에 벌어졌던 것은 오늘날 우리가 하는 것과 현저하게 달랐다. 비교하기에는 너무나도 엄청나다. 지금 것의 일부분과 그 당시 것의 일부분을 섞어 잡종을 만드는 것은 생각할 여지도 없다. 전부가 아니면 아예 포기해 버려야 한다. 말과 당나귀를 교미시켜 노새라는 잡종을 만들 듯, 1세기의 방식들과 오늘날의 의식들을 혼합시켜 에클레시아라고 불리는 아름다운 여자를 탄생시킬 수 없다. 왜냐하면 이 여자는 자유를 위해 태어났고, 다양성을 위해 태어났으며, 기능을 발휘하고, 또 예수 그리스도 자신을 표현하기 위해 태어났기 때문이다.

에클레시아 모임이라는 완전히 새로운 개념과 에클레시아 자체를 이해하는데 있어 마음을 활짝 열라. 당신은 지금 오랫동안 잊혀져 왔던 것들을 보기 일보 직전에 있다. 또한 초기 에클레시아의 참된 위력을 볼 찰나에 있다. 여기에 그것의 비밀이 있다. 여기에 그녀의 신비한 매력이 있다.

그리스도교의 전성기 때 에클레시아는 어떻게 모임을 가졌을까?

태아 상태의 교회

오순절이 아닌 그 전으로 가서 시작해 보자. 예수님과 12제자에게서 뭔가 시작되었기 때문이다. 그들은 어떻게 모임을 가졌는가? 그들이 함께 모였던 것을 에클레시아라고 부를 수 있을까? 그리스도와 12제자의 모임은 태아 상태의 에클레시아라고 할 수 있다. 갈릴리에서의 그 태아기 교제에서, 장래의 교회개척자 12명은 모임 방식에 있어 위대한 발견을 했다! 또한 그 모임에서 그들은 에클레시아가 무엇인지를 발견했다!

우선 그들은 예수 그리스도를 중심으로 약 3년여 동안 모였다. 흙

먼지 날리는 시골길에서, 가정집 거실에서, 길가에서, 산꼭대기에서, 그들은 모였고 교제를 나누었다. 그리고 많은 다른 장소에서. 그러나 그것은 언제나 한결같았다.

예수 그리스도를 중심에 놓은, 형식 없는 모임이었다.

그 모임은 1세기 모든 모임의 원형이요 본보기였다. 그것은 모든 교회 모임의 본보기가 되어야 한다! 그 모임은 에클레시아의 전조가 되었다!

그리고 그 모임들은 어떤 모습이었을까?

거기에 대한 대답은 간단하다.

제자들이 모두 찬송가와 기도책을 갖고 다녔다. 그리고 모임 시간이 되면 그들 모두 옷을 잘 빼 입고, 똑바로 줄이 맞춰진 의자에 앉아서, 모두 다 앞을 향했고, 가운데에는 복도가 있었다. 그리고는 예수님께서 가장 좋은 옷을 입고물론 목에 흰색 칼라를 꼭 착용하시고 나타나셨다. 그들은 모두 찬송가 세 곡을 불렀고, 사도신경을 암송했으며, 또 찬송 한 곡을 불렀고, 헌금바구니를 돌렸고, 또 찬송 한 곡 아니면 도마와 막달라 마리아와 요한과 가룟 유다로 구성된 사중창단의 특송이 있었다. 그 후에 예수님께서 그들 앞에 서서그들은 주님을 위해 항상 이동식 강대상을 갖고 다녔다 29분 30초짜리 설교를 하셨다.

당신은 이것을 믿는가?

뭐 믿지 않는다고?

그렇다면 인류 역사상 가장 불가사의한 질문을 당신에게 던져보자. 그렇다면 당신은 왜 그런 식으로 모임을 갖는가? 그리고! 당신은 왜 그런 고통스럽고 비참한 의식을 견뎌내며 지속하는 것을 선택하는가?

예수님과 12제자가 함께 모인 방식은 최초로 공중 앞에서 눈에 보이게 기독교 신앙의 정의를 내려주었다.

세상은 우리가 어떻게 모이는가를 보고, 우리 기독교인들이 누구인지에 대해 정의를 내리고, 특징을 지우고, 해석하고, 이해한다. 세상이 그 당시엔 무엇을 보았을까? 예수님 주위에서 격식 없이 모이는 것을 보았다.

여기에서 당신이 시도해 보아야 할 것이 있다. 예수 그리스도와 12제자가 함께 모였던 모임을 상상해 보라! 그리고 그것을 오늘날 행해지는 모임들에 맞춰 보라! 예수님과 12제자에게 당신의 마음눈을 맞추고, 할 수 있다면 오늘날의 주일 교회 예배를 정당화시켜 보라! 아마 그게 잘 안 될 것이다. 그것은 신약성서를 아무리 뚫어지게 찾아봐도 되지 않을 것이다.

당신이 만약 목회자라면, 특히 "우리는 진정 신약성서를 필요로 한다"고 말하는 목회자라면, 제정신을 가진 사람으로서 그리고 정직과 성실을 표방하면서, 어떻게 주일에 교회 건물에서 의식으로 가득 찬 모임어마어마한 논리와 기상천외한 발상을 동원해도 성서적으로 전혀 입증할 수 없는을 지속할 수 있단 말인가?

당신이 감히, 아니 우리가 감히 어떻게, 평신도와 목회자 사이에 보이지 않는 벽을 쌓는 건물과 의식을 사용해서 주 예수 그리스도의 에클레시아를 죽음으로 몰아넣을 수 있는가? 당신이 감히 어떻게 우리를 우리로 하여금 말도 못하게 하고, 생각을 나누지도 못하게 하고, 기여할 수 없게 만드는 의식 속에 가둘 수 있는가? 당신이 감히 어떻게, 예수님과 12제자를 바라보고 금방 돌아서서, 우리를 아무 기능도 발휘하지 못하는 벙어리로 만들어 놓을 수 있는가? 당신 자신을 갈릴리의 어느 집에 앉혀 놓으라.

여기서 잠깐, 예수님과 3년에서 4년을 같이 지내는 것이 어떠했을까를 생각해 보라. 그렇게 함으로써, 당신은 교회 역사의 처음 100년 동안 모임들이 어떠했는지 이해하게 될 것이다. 바로 이것이 우리가 돌아가야 할 출발점이다. 에클레시아 정신과 우리 신앙의 원동력, 그리고 그 당시에 성행했던 모임의 위대함을 이해하려면, 거기에서 출발해야 한다.

그리고 나서 오순절로 가야 한다. 예수님과 함께 삼사 년을 살았던 12제자가 졸지에 세계 최초의 에클레시아 개척자가 되었다. 갈릴리와 유대에서의 3년이 그들의 역사요 그들의 경험이었다.

그들에게 에클레시아는 예수 그리스도 주위에 3년 동안 앉아 있었던 경험이었다! 갈릴리에서 태아 상태의 에클레시아가 이제 예루살렘에서 막 재생되려 하고 있었다. 유기적으로! 그것을 살펴보고 예루살렘의 성도들이 어떻게 모였는지를 알아보자.

예루살렘 교회

처음 6년 내지 7년 동안은 지상에 에클레시아가 하나밖에 없었다. A.D. 30년경부터 37년경까지 최초의 유일한 교회는 예루살렘에 있었다.

그 에클레시아는 두 군데에서 모임을 가졌다.

1) 열린 뜰에서

사람들이 거의 찾지 않는 성전 뒤에, 예루살렘 성벽 두 개가 만나는 구석진 장소가 있었다. 그 장소의 일부분은 지붕으로 덮여있었다. 사람들이 평상시에 그 지붕 아래 앉아서 대화를 나누었다. 세계 최초로 생긴 에클레시아가 그 장소를 차지하고 거기서 매일 모임을 가졌다. 거의 매일 500명에서 2,000명쯤 되는 수가 모였다.

12제자는 그 지붕 아래서 말씀을 전했다. 그들이 무엇에 관한 말씀을 전했을까? 바로 예수 그리스도에 관해서! 그리고 그들이 그 말씀을 마쳤을 때, 그들은 다시 예수 그리스도에 관해서 말씀을 전했다!

예수 그리스도가 모든 초기 교회개척자의 메시지였다. 나중에 이것에 관해 추적하겠다. 왜냐하면 이것이 가장 핵심이기 때문이다.

사역과 모임에서 예수 그리스도 중심의 메시지를 빼 버리면, 교회생활이나 유기적인 모임을 아예 생각도 하지 않는 게 좋다. 입으로만이 아니라 역동적인 경험에 있어서, 예수님이 모든 것의 중심이 되어야 한다.

만약 12제자 중 하나가 에스겔이나 다니엘에 나오는 눈, 뿔, 발톱, 곰의 꼬리 같은 것들에 관해 가르쳤다고 상상해 보라. 아마 그는 사방에서 공격과 야유를 받았을 것이다. 거기 성전 뒤에 행각에 기대감을 가지고 모였던 사람들은 예수 그리스도에 관해 듣기를 원했다.

더 나아가서 그들은 승리하시고, 부활하시고, 승천하셔서 보좌에 앉아 계신 주님, 그리고 그들 속에 살아계신 주님에 관해 듣기를 원했다. 그리고 그들은 그 주님을 어떻게 알 수 있는지에 관해 알기를 원했다. 그들은 주님 이외에는 아무것도 듣기를 원치 않았다. 그리고 그들이 갖게 된 것은 바로 예수 그리스도였다!

당신이 예수 그리스도와 3년 동안 함께 살았다면, 무엇에 관해 얘기할 것 같은가?

그들은 주님에 관해 듣고 나서 흥분할 수밖에 없었다. 12명의 교회개척자들 역시 흥분에 휩싸였다.

주님의 영광이 가득 임했다.

듣는 자들은 유대인이었다. 그 당시에 유대인은 지상에서 가장 외향적이고, 말이 많고, 쾌활하고, 흥분 잘 하고, 시끄럽고, 생동적인 사람들이었다. 물론 그 모임에서 그들은 앞에 열거한 그런 모습을 드러내지 않았다. 그들은 무표정한 얼굴이었다. 베드로가 영광스러운 이야기를 했을 때, 그들은 감히 "아멘" 또는 "하나님 찬양" 같은 말을 할 수 없었다. 왜냐하면 그렇게 했다가 그들 중에 섞여 있던 장로교인들의 기분을 상하게 하고, 지나가던 성공회 교인들의 감정을 자극할지도 모르기 때문이었다.

친애하는 독자여, 잘 듣기를 바란다. 그 모임은 당신의 스테레오에서 나오는 노래보다도 데시벨decibel이 몇 단계 더 높은 히브리식

소음으로 가득했다! 아마 이탈리아 사람들도 그들과는 상대가 되지 않았을 것이다.

2) 예루살렘 가정집들

그 크고 활기찬 모임이 끝난 다음, 예수 그리스도의 영광에 휩싸인 성도들 수천 명은 거기서 쏟아져 나와, 예루살렘의 사방에 흩어져 있던 집들로 돌아갔다.

그리고는 집의 거실에서 다시 모였다! 누군가의 가정집에서 모임을 갖는 단순한 이 사실은, 기독교 신앙으로 하여금 이전에 없었던 새 역사를 창조하게끔 했다.

기독교 신앙이야말로 지구상에 존재하는 최초의 유일한 종교였다. 특별한 건물이 없고, 성직자도 없고, 옷을 빼 입거나 치장하지 않고, 특별한 용어도 사용하지 않는 종교였다. 이 사실은 인류 역사 전체에 딱 한 번 나타났다. 단 한 번. 그것은 300년밖에는 지속되지 않았다.

그들이 어떻게 모였는가가 기독교 신앙을 정의했다. 인류 역사상 유일하게 성전이 없고, 성직자가 없고, 의식이 없는 종교! 목수이셨던 그분과 우리의 신앙에 얼마나 영광스러운 일이었던가!

소박하고, 비천하고, 피곤했던 사람들이 성직자였고, 가정집 거실이 그들의 성전이었고, 낡고 닳은 옷이 그들의 복장이었다. 그리고 예수 그리스도가 그들이 사용한 용어였다.

그 가정집 모임이 거기에 참석한 사람들에게 어떤 영향을 주었는가?

그 가정집 모임이야말로 형식과 격식 없음의 극치였다. 어느 정도로 형식이 없었는가? 가정집이나 도로변에 12명이 둘러앉아 성육신 하신 하나님과 함께 대화를 나누었을 정도로 아무런 형식이 없었다.

이것을 기억해 두라. 그리고 잘 기억해 두라. 예수 그리스도의 교회는 형식과 상관없이 태어났다. 그것은 그런 상태로 계속되어야만 한다. 우리와 방황하는 불신자들을 사로잡고, 또 우리와 그들에게 의미를 부여하려면, 모임은 꼭 형식이 없어야 한다.

우리의 모임이 에클레시아가 무엇인지, 그리고 기독교 신앙이 무엇인지를 세상에 나타내려면, 그 모임은 초기의 격식 없던 상태로 돌아가야 한다. 우리의 신앙은 그런 식으로 태어났다! 우리의 특정한 문화에 맞게 형식 없고 유기적인 그런 식.

만약 당신이 기독교 신앙을 건물에 집어넣고, 의식으로 덮어버리고, 성직자가 좌우하게 하고, 형식으로 얽매고, 자발성을 박탈하고, 기능의 수행을 중단시킨다면, 에클레시아를 가질 생각조차 하지 말아야 한다는 것은 영적 법칙일 뿐 아니라 물리학적, 화학적, 천문학적 법칙이요 중력의 법칙이다.

당신의 신학이 얼마나 완벽한지는 아무 상관이 없다. 당신은 기독교 신앙의 실천에 있어 상당한 부분을 죽여 버렸다! 당신은 또 당신의 모임 방식으로, 당신이 재미 없고 따분한 종교 하나를 갖고 있음을 세상에 선포하는 것이다.

당신은 아마 당신의 과거 역사와 전통을 자랑할지도 모른다. 당신이 속한 교단 또는 단체가 교회 역사에 얼마나 크게 공헌했는가를 역설할지도 모른다. 당신 교단의 신학대학원과 당신의 신학 훈련이 얼마나 철저했는가를 과시할 수도 있다. 당신의 교단이나 단체가 얼마나 기술적으로 잘 돌아가는지에 대해 말할 수도 있을 것이다.

그러나 단순한 성도에게는, 당신이 에클레시아의 영광스러운 진실을 죽여버린 것이다. 그리고 그러는 와중에, 우리 신앙의 원동력을 아울러 죽여 버렸다. 우리 신앙이 무엇인지를 경험적으로 이해하는 문이 닫히고 사라져 버렸다. 당신은 성도 안에 예수 그리스도께서 내재하신다는, 뜻깊은 진리와 관련된 가장 중요하고 실질적인 요소들을 잃어버렸다. 몸 안에서 그리고 몸에 의해서 그리스도의 머리 되심 아래 기능을 발휘하는 것을 잃어 버렸다.

그러나 무엇보다도 당신은, 성도들 상호간에 깊은 사랑을 발견하지 못하도록 그리스도의 몸의 역할을 박탈했다. 당신은 성도들이 공동체를 경험하는데 있어 필수적인 모든 기초를 파괴했다.

그런 깊은 사랑은 태어난 후, 오직 공동체 안에서만, 그리고 오직 그리스도와 그분을 친밀하게 아는 것에 초점을 맞춘 분위기에서만 자라나고 번성하게 된다. 그 요소들을 잃어버리면, 당신은 우리 신앙에 있어 모든 권리를 잃게 된다. 그 권리들을 잃게 되면, 당신은 기독교 신앙의 실질적인 면에 있어 무엇을 제공할 수 있을 것인가? 그렇게 되면 당신에게 남는 것은 대부분 이론뿐이다. 그리고 형식뿐이다. 그리고 먼지뿐이다. 바싹 마른 먼지.

죽은 의식과 말만 무성한 신학은 세상에 별로 나타낼 것이 없다.

그것들은 세상을 향해, 놀랍고도 영광스러운 우리 주님에 대한 정확한 정의를 내려줄 수 없다.

당신은 하나님나라가 임하기까지 일주일에 네 번씩 설교할 수 있다. 당신은 그리스도의 몸이 얼마나 놀라운 것인가에 대해 말할 수 있다. 그러나 우리 자체가 기능을 발휘하는 그리스도의 몸으로서 실제의 몸의 생명을 경험하기 전에는, 당신이 비누방울만 불고 있다는 사실을 알아야 한다. 당신은 아무것도 성취하지 못하고, 조직만 무성한 채 매주 강단에서 강의하는 것에 그치고 만다. 에클레시아를 경험하기 전에는, 그것을 볼 수도, 이해할 수도, 사랑할 수도 없다. 주일 교회 예배그리고 사람의 마음으로 하여금 주일 예배를 견뎌내게끔 하려고 거기에 덕지덕지 붙인 것들가 결코 몸의 생명을 만들어 낼 수 없음은 명백하다!

만약 우리가 예루살렘 가정집에 가서 어느 날 저녁 거기 모여 있던 형제자매가 무엇을 하는지, 그리고 무슨 말을 하는지를 보고 들을 수 있다면, 그것은 오늘날의 우리 신앙에 혁명을 일으키고, 또 기독교인으로 살아가는 흥분된 삶으로 우리를 인도해 줄 것이다. 초자연적인 성도간의 사랑이 궁극적으로 기독교인들 사이에 다시 꽃을 피우게 될 것이다. 우리는 주 예수 그리스도의 놀라우심과 위엄 앞에 서게 될 것이다. 우리는 지난 1,700년 동안 신앙 안에서 사실상 알려진 적이 없었던 것을 재발견하게 될 것이다. 우리는 결국, 그 당시에 무엇이 우리 신앙을 그렇게 활기 있게 만들었는지 깨닫게 될 것이다.

그리스도께서 우리 모임의 중심 되시는 것이 박탈될 때, 당신이 우리의 가정집 모임을 빼앗아 갈 때, 당신이 우리에게 성직자를 안겨줄 때, 그리스도 안에서 우리가 가진 부요함의 깊이를 보여 주지 못하는 강의를 당신이 기계적으로 할 때, 개인적으로나 공동체적으로나 어떻게 주님을 깊이 경험하는 지를 당신이 보여 주지 못할 때, 창문에 박힌 요상한 색유리로 둘러싸인 강당에 앉아서 강대상을 쳐다보는 것 외에는 아무런 할 일이 없도록 당신이 우리를 강요할 때, 아니면 당신이 담대해져서 우리를 가정집 모임으로 되돌아가게 하긴 하지만, 결국 지도자가 우리를 인도해야 하는 조건을 걸어 주일 예배의 축소판이나 다름 없게 만들 때, 당신이 우리에게 위의 모든 것을 강요할 때, 당신은 우리의 생존권을 박탈하는 것이고, 우리와 세상을 향해 "기독교"라는 말의 뜻이 혐오스럽다는 인상을 심어주는 것이다.

내가 권고하고 싶은 것이 있다. 이렇게 난장판이 된 것을 포기하자.

무엇이 그 성전 행각의 모임과 가정집 모임을 그렇게 멋지고 영광스럽게 만들었을까? 부활하시고 승천하셔서 보좌에 앉아서 다스리시는, 높이 들림 받으신 영광의 주님께서 계시하신 메시지를 구속받은 성도들에게 외치는 두려움 없던 사람들! 그 메시지를 듣고 기뻐서 정신이 나가, 집에 꽉 들어차게 모여 그들이 예수 그리스도와 무슨 상관이 있나를 서로 나누던 사람들! 그들은 거실의 바닥에 앉아서, 때로는 자정이 넘는 새벽까지 노래하고, 찬양하고, 예배하며, 그들의 주님에 관해 서로 나누는 시간을 가졌다. 어떤 주님? 그들 속에 살아계시는 주님!

이것이 그들에게 에클레시아였다!

예수 그리스도가 사람들의 중심이었다. 그분은 그들의 삶에서 힘의 원천이요 엔진의 연료였다. 주님은 그 모임의 주제였다. 무엇보다도 내재하시는 주님께서 그 모임의 인도자셨다.

유대의 교회들

물론 이것은 핍박 때문에 예루살렘에 있는 에클레시아의 문이 닫히고 모두가 다 유대의 여러 성과 마을로 피신하게 되었을 때 바뀌었다.

하루는 다소 출신 사울이라는 사람이 예루살렘에 와서 세계의 유일한 에클레시아를 공포의 도가니로 몰아넣었다. 그는 예루살렘교회를 다 흩어지게 했을 뿐만 아니라, 자기도 모르는 사이에 갈릴리와 유대에 수많은 교회가 세워지게 하는 동안, 12명의 교회개척자는 몸을 피했다.

당신은 아마 그 작은 마을들에서 무슨 일이 벌어졌는가에 대해 알고 있을 것이다. 몸을 피해 흩어진 기독교인들이 그 마을들에 정착해서 뾰족탑이 있는 건물을 짓고, 목사를 초청해서 사례비를 주고, 주일 아침에 그 건물에 모여, 열이 잘 맞춰진 의자에 100년 동안 묵묵히 앉아서, 설교를 듣고 있었다.

그렇게 하지 않았다고? 정말? 그렇다면 땅이 진동하는 질문을 또 한 번 던져보자. 그들이 그렇게 하지 않았다면 우리는 왜 그런 식으로 하는가?

사도들은 몸을 피했고, 성도들은 팔레스타인의 사방으로 흩어졌다. 실제로 무엇이 벌어졌는가?

유대 전역과 그 주위의 가정집 거실들에서 에클레시아의 생명은 싹트기 시작했다.

모임은? 예루살렘의 가정집 모임과 똑같았다. 거기엔 형식도 없고, 의식도 없고 성직자도 없고, 목사도 없었다.3)

나중에 12명의 교회개척자는 예루살렘을 빠져 나와 유대지역을 여행하며 새로 생긴 모든 에클레시아를 잠깐씩 방문하기 시작했다. 그리고 이 12명은 어디서 순회 사역의 개념을 얻게 되었을까? 2년 이상 갈릴리 사방을 순회하셨던 그들의 주님으로부터.

순회 사역이 유대에서 끝났다고 생각지 말라. 순회 사역의 이야기는 교회 역사의 처음 3세기 동안 사방에서 펼쳐졌다. 순회하는 교

---

3) 그들은 목사의 개념이 생기기까지 1,500년을 기다려야 했다. 맞다. 신약성경에 목사라는 말이 등장하는 것은 사실이다. 그러나 2,000년 전 기독교의 글에 한 단어가 등장했다 해서, 오늘날 우리가 그 단어를 사용할 때 그것이 같은 뜻을 가진다고 말할 수는 없다. 당신은 항상 설교하고, 장례식을 집례하고, 결혼 의식을 주례하고, 새로운 회심자에게 혼자 세례(침례)주고, 신학대학원을 가고, 노인들을 격려하고, 병자의 심방을 주관하고, 거의 항상 정장을 하고, 요상한 목소리로 기도를 하고, 회중의 변덕에 따라 고용되었다 해고되었다 하고, 그리고 기독교 신앙의 중앙 한가운데 서 있는 존재를 신약성경에서 찾을 수 있는가? 만약 당신이 그런 사람을 신약성경에서 찾을 수 있다면, 나는 내 카우보이 모자를 먹어버리겠다! 그런 사람은 종교개혁 이전, 즉 500년 전까지는 존재한 적이 결코 없었다. 그는 종교개혁 당시에, 그가 존재해야 할 아무런 성서적 정당성도 없이 사람들에 의해 고안되었다. 그는 일손이 부족했던 개혁자들의 편의주의에 편승해서 나타난 인간이 만들어 낸 전통이다.

회개척자지역의 범위를 벗어난 일꾼는 1세기 에클레시아의 전형적 특징의 진수였다. 그는 2세기 혹은 3세기 언젠가에 사라져 버렸다. 그러나 그가 다시 나타나기 전에는, 기독교 신앙은 결코 주님께서 디자인하신 대로 될 수가 없다.

1세기 무대 위의 핵심적인 존재 둘을 주목하라.

첫째, 하나님의 사람들.
둘째, 순회하던 교회개척자들.

우리가 이 드라마를 펼쳐나가는 대로, 이 간단한 개념을 마음에 새기라. 하나님의 사람들, 가정집들, 에클레시아의 개척자들. 간단한 개념 아닌가? 그러나 그것이 세상을 흔들어 놓았다. 우리가 그것을 포기했을 때, 세상은 더 이상 진동하지 않았다.

이제 "평신도 중심의" 교회들과 "모두가 기능을 발휘하는" 에클레시아의 수많은 이야기로 가득 찬 유대에서의 놀라운 역사들을 떠나 다음의 이야기로 가 보자. 그러나 눈을 계속 열라. 왜냐하면 교회 건물, 존 칼뱅의 주일 의식, 목사와 회중석, 잘 배열된 의자에 잠잠히 앉아 있는 사람들, 주일 설교를 영원히 듣기만 하는, 이 모든 것을 우리가 언제 보게 될지 모르기 때문이다.

안디옥에서 이방인 기독교인들이 어떻게 모였는지를 다음에 살펴보면서, 그런 것들에 대해 계속 예리한 눈을 뜨고 보라.

6 _ 안디옥 교회

“나는 사도권의 계승을 믿어야 한다.

성직자와 의식이 사도 가롯에 의해 우리에게 전해졌다는 것을

제외하곤, 성직자와 의식의 부적절함을 파악하는데 있어

그것말고는 다른 방도가 없다.”

– 무명 –

안디옥은 예루살렘 교회가 공중분해 된 후, 교회가 세워져 교회 생활이 왕성했던 예루살렘에서 가장 먼 도시였다. 지중해 연안에 위치했던 이 도시는 당대에 가장 큰 도시들 중 하나였다. 거기서 가장 색다른 상황에서 에클레시아가 시작되었다. 최근에 예루살렘으로부터 흩어졌던 사람들 중 젊고 열성적인 성도 몇 사람이 안디옥에 왔는가, 복음을 전할 만한 유대인을 별로 만나지 못하게 되자, 할례 받지 못한 이방인에게 복음을 전하기 시작했다. 우리는 이것을 영원토록 감사해야 한다!

여기에 세속의 역사가 교회 역사에 관해 우리게 알려 줄 몇 안 되는 예들 중 하나가 있다. 2세기 때부터 내려온 역사의 기록에 의하면, 안디옥의 기독교인들은 안디옥 시내의 특정한 구역에 살았다.

그 곳은 가난한 사람들이 모여 사는 곳이었다. 2세기의 안디옥 교회 성도의 수는 10,000명쯤 되는 것으로 추정된다.

이 교회는 어떻게 모임을 가졌을까? 사도행전에 안디옥의 성도들이 어떻게 모였는가를 확실하게 설명해 주는 구절이 있다. 말하자면 이렇다.

바나바와 바울이 방금 전에 갈라디아 지방을 여행하고 돌아왔다.

여기에 사도행전이 그냥 술술 기술해 내려간 문장을 보라,

> "그들이 이르러 교회를 모아 하나님이 함께 행하신 모든 일과"
> 행14:27

이것은 단 하나의 의미 이외에는 달리 해석할 수 없다. 안디옥에 있었던 에클레시아에서는, "교회가 한 곳에 모인" 적이 별로 없었다. 일반적으로 교회는 시내 곳곳에 흩어져 있는 가정집들에서 모였다. 아주 특별한 때에만 안디옥의 에클레시아는 한 장소에 함께 모였다.

바울과 바나바가 갈라디아에서 돌아왔을 때, 안디옥 교회에 실제로 지도자가 얼마나 있었는지에 대해서는 우리가 알 수 없으나, 우리는 2년 전에 다섯 명바나바, 바울, 루기오, 마나엔, 시므온, 행13:1이 있었음을 알고 있다!

누가 그 많은 가정집 모임을 인도했을까? 시내에 흩어져 있는 가정집 모임은 그 누구에 의해서도 인도되지 않았다. 그 시끄러운 이

방인들, 모든 율법에서 자유했던 사람들, 그들이 앞의 설교자를 향해 배열된 의자에 앉아 있었으리라고는 생각할 수 없다. 그들은 스스로를 즐겼다. 그들은 그 모임에서 각자 기능을 발휘했다. 그들 자체가 모임이었다.

이에 반해 우리는 "석고상을 대신하는 것!"이라고 명명할 만한 주일 아침의 무슨 놀이에 참여하는 것처럼 보인다.

그 가정집 모임이 어떠했을까?

다섯 명밖에 되지 않는 사람들이 시내를 돌아다니며, 때때로 가정집 모임을 방문해서 예수 그리스도를 섬겼을 것이다. 만약 그런 것이 존재했다면, 이것이 임시적이고, 자발적이고, 산발적이고, 예측할 수 없는 "전문직 사역"에 가장 근접했던 것이라고 볼 수 있다.

여기에서 우리는 무엇을 보고 있는가? 성도들이 시내 곳곳에 흩어져 있는 가정집들에서 모임을 갖는, 아주 큰 에클레시아. 그러면 그들은 어떤 식으로 모였을까?

글쎄, 바나바가 흰 천에 금실로 수놓은, 보석이 주렁주렁 달린, 긴 가운을 입고 거실에 나타났다. 그는 교황이 사용하는 모자 비슷한 것을 머리에 쓰고, 손에는 구부러진 목자의 지팡이를 들고 있었다. 그리고 실내를 돌면서 성상이 걸려 있는 벽 앞에 무릎을 꿇었다. 예배는 공들여진, 의식으로 가득 찬, 알 수 없는 언어로 진행된 두 시간짜리 드라마 공연이었다. 사람들은 두 시간 내내 서서 아무 말도 하지 않고 앞만 주시하고 있었다.

당신은 그렇게 믿지 않는가?

글쎄, 당신은 그렇게 믿어야 한다. 왜냐하면, 동방정교회의 아나톨리아파가 그런 식의 모임이 정확히 1세기 안디옥 기독교인들의 모임이라고 주장하기 때문이다! 심지어 그들은 그 모임이 1,900년 동안 바뀐 적이 없다고 주장한다.

이런 주장이 터무니없다고 당신은 말할 것이다. 아마 돌았다고 할지도 모른다. 글쎄, 우리 개신교인들도 1세기 성도들이 오늘날의 개신교 모임 방식과 똑같은 방식으로 모였다고 주장하는 것은 마찬가지다! 물론 가톨릭이나 동방정교회처럼 우리도 역사를 무시하는 데에는 아무런 문제가 없다. 불과 450년 전에 존 칼뱅이 우리의 괴로운 의식을 만들었다는데 대해서는 전혀 언급도 하지 않는다. 우리 개신교는 신약성서적 방식으로 모인다? 말도 되지 않는 터무니 없는 주장이다! 주일 교회 예배라고 불리는 이런 고약한 것에 대해 베드로나 바나바나 바울을 비난하지 말라!

안디옥을 떠나, 이제 두 명의 교회개척자와 함께 그들의 첫 번째 교회개척 여행에 합세해 보자. 우리는 그들을 따라 갈라디아로 가서, 이방 세계에 살았던 하나님의 사람들이 어떻게 모임을 가졌는지에 대해 놀라운 사실을 깨닫게 될 것이다. 이방 세계에 살았던 이방인들의 모임. 1세기식 모임. 다음 단원은 이 책에서 가장 중요한 단원이다. 그리고 필자가 쓴 책들에서 가장 중요한 단원들 중 하나이다.

7 _ 갈라디아에 있던 네 개의 이방인 교회

"다른 사람들이 어떤 사실을 믿으면서도 실제로는 정반대로 행할 때,

당신이 그 사실에 관해 얘기한다면,

당신은 이미 아주 발빠른 말 위에 앉아 있어야 한다."

– 터키 속담 –

바울과 바나바는 3월에 안디옥에서 배를 타고 떠나, 구브로섬 Cyprus을 경유하여 갈라디아라고 불리는 지역으로 가서, 마침내 비시디아 안디옥이라는 성에 도착했다. 대부분의 학자들이 추정하는 시기가 정확하다면, 그들은 비시디아 안디옥에 도착해서 에클레시아를 세운 뒤, 4개월 만에 그 곳을 떠났다!

4개월이라니?

이 두 사람은 복음 전도자가 아니었다. 그들은 "영혼 구원"을 우선으로 두지 않았다. 그들은 현대 기독교인들이 마음대로 상상하는 바와 같이, 오늘날의 목사나 선교사의 개념과는 거리가 멀었다. 이들은 두 가지 특징이 있었다. 그들은 "계속 옮겨 다니는" 순회하는 사람들이었다. 그런 사람들의 별명이 2세기 때 "방랑자들"wanderers이었다.

그리고 둘째로 그들은 교회를 세웠다.

순회하는 교회개척자들!

이 "계속 옮겨 다니는" 두 사람은 또한 장로를 임명하는 것에 무게를 두지 않았다. 조직적인 사고방식은 더더구나 갖고 있지 않았다. 교회를 세우고, 장로들을 택하고, 잘 조직시켜서, 그 다음엔 건물을 짓는다? 그들은 어느 도시를 방문하든지 영혼 구원이 우선이 아니었다. 오직 한 가지 목적을 갖고 그 도시에 들어갔다. 그리스도의 몸을 세우는 것, 즉 에클레시아를 만드는 것이다. 그들은 아름다운 여자를 출생시키고자 그 곳에 있었다! 그들은 교회개척자들이었다.

비시디아 안디옥에서 에클레시아의 시작출생이 전부였다. 그 이방인 성도들이 첫해에 어떻게 모임을 가졌는가에 따라 그 다음 수세기의 교회의 향방이 달려 있었다. 시작이 전부이다 당대에 이 여자비시디아 안디옥 교회와 다른 모든 이방인 교회는 200년 이상은 족히 지속될 그들의 진로를 설정했다. 나중에 그녀의 진로를 바꾸는 데는 로마 황제가 일조했다.

비시디아 안디옥의 에클레시아 모임들은 어떠했을까?

거기서 벌어진 모든 것은 4개월 동안에 생겨났음을 기억하라! 말하자면 시작부터 두 사람이 떠날 때까지 기간은 다 합쳐서 약 120일 정도였다!

"가톨릭 교인들이여, 바울이 모임에 사제의 가운을 걸치고 나타났을까?"

"성공회 교인들이여, 초기 교회 모임들에 가운을 입은 사제들이 깃발을 들고 성가chants를 부르며 복도를 따라 행진해서 들어왔을까?"

"유럽의 교회들이여, 바울이 거실에 들어왔을 때, 거기 있던 성도들이 다 일어났을까?"

"장로교인들이여, 바울이 옷을 뒤로 돌려 입고 누군가의 가정집에 있던 강대상 앞에 서 있었을까?"

"침례교인들이여, 바울이 그의 '주일 복장'인 정장을 잘 빼 입고 가정집 거실에 나타났을까?"

그리고 성도들은 회중석에 앉아 앞만 바라보고 칼뱅의 교회 예배를 했을까? 미리 택한 몇 곡의 찬송? 벙어리 평신도들? 설교?

우리가 1세기 교회의 참 모습을 파악해 놓아야 에클레시아가 정말 무엇인지를 정확히 이해하기 시작할 것이다. 그리고 적어도 위에 열거한 치장들은 하나도 그 참 모습과는 관계 없음이 자명해질 것이다. 단 하나도 관계없다!

그 새로 믿게 된 성도들을 보라. 그들은 우리의 상상을 초월할 정도로 가난했다. 그 당시 사람들은 하루를 살아가기에도 벅찬 소량의 곡식으로 연명했다. 아마 그들은 일 년에 옷을 한 열 벌 정도 바꿔 입었을 것이다. 그들의 98퍼센트 내지 99퍼센트는 문맹이었다. 그들의 일 년 소득은 당신이 요즈음 하루에 버는 정도였을 것이다. 그러나 그들이 돈을 가졌다는 뜻은 아니다. 그들은 돈을 소유하지 못했다. 그들 대부분은 돈을 사용해 본 적도 없다. 그들은 사실상 모든 것을 물물교환했다!

부와 돈은 전체 인구 중 1퍼센트의 손 안에 있었다. 부자들과 중류층상인들. 이 두 계급의 사람들은 인구의 1퍼센트도 채 ,되지 않았다. 그들에게만 돈이 있었고, 그 나머지는? 그 중 반이 노예였고, 나머지 반은 "하류 서민층"이었다. 1퍼센트만이 돈을 갖고 있었다. 98에서 99퍼센트는 돈과 상관 없었다! 그리고 갈라디아는 특별하게 가난한 지역이었다! 사람들은 거의 소유한 것이 없었다. 그들은 아무것도 가진 것이 없었다.

이 사실을 마음에 두고, 오늘날 우리가 이 사람들을 전설적인 1세기 기독교인이라고 우러러보고 있음을 기억하라.

그들이 창문이 한 개 정도밖에 없는 방 안에 꽉 끼어 모임을 갖는 광경을 상상해 보라. 모두 다 바닥에 앉았다. 그날 종일 흘렀던 땀이 그들의 몸과 옷을 늘어붙게 했고, 다른 모든 사람과 마찬가지로 바울과 바나바도 하루종일 힘들게 일하고 나서 모임에 참석했다. 피곤하다 못해 기진맥진한 상태로, 더럽게 냄새가 진동하는 가운데, 두 사람 또한 바닥에 앉았다. 그 당시 사람들은 그렇게 했다. 그들은 바닥에 앉았다! 당신이 오늘날 세계의 다른 지역을 방문한다면, 어떤 곳에서는 아직도 집의 바닥에 앉아서 생활하는 것을 보게 될 것이다.

바나바와 바울이 다른 모든 사람을 배제하고 모임을 좌지우지 했을까? 바울과 바나바만이 노래를 택하고, 다른 사람들은 모두 조용히 앉아 있었을까? 만약에 그랬다면, 그 두 사람이 그곳을 떠났을 때, 이 에클레시아는 붕괴되었을 것이다!

그러나 바울과 바나바는 그런 식으로 하지 않았다. 시작부터 그들은 아무런 도움 없이도 생존할 수 있는 교회를 세웠다. 아무런 도움이 없다니 그게 무슨 말인가? 책 없이도, 목사 없이도, 교사 없이도, 글을 읽을 줄 아는 사람 없이도, 성서 없이도, 성서학교 없이도, 건물 없이도, 아무것도 없이! 그러나 가장 중요한 것은 성직자나 지도자 없이도! 그 두 사람은 그들이 거기서 단 몇 주만 머물 것이라는 전제 아래 사역했다! 그렇다! 모든 것은 그들이 떠날 것이라는 사실을 염두에 두고 진행되었다. 지도자들이나 지명된 어떤 지도 체계도 없이 성도들을 남겨둘 것을 염두에 두고. 그리고 곧!

앞의 단원에서 당신은 다음과 같은 질문을 받았다. "우리의 모임 방식에서의 혁명이 과연 오늘날의 전통적인 교회에서 일어날 수 있을까?" 그 대답은 "그렇다"이다. 절대적으로 그렇다. 그러나 오직 제대로 동기가 유발되었을 때만 그렇다.

교회가 어떻게 동기 유발 될 수 있는가? 쉽다!

교인 모두가, 6개월 안에 교회가 아무런 지도자도 없이 남겨지게 될 것을 알면 된다. 더 나아가서 적어도 2년 동안 교회가 건물 본당의 사용을 완전히 포기하면 가능하다! 이것이 동기 유발이다.

오직 남게 될 문제는 두 가지이다. 목사가 기꺼이 그의 직업으로서의 목회를 버리는 것과 교인들이 지도자 없이 그들만 남겨지게 될 것을 기꺼이 받아들이고, 교회 건물을 포기하고 어떤 종류의 지도자도 없이 가정집에서 모임을 갖는 것이다.

이것이 동기 유발에 요구되는 모든 것이다!

바울 혼자 설교한 후 다른 사람들은 모두 잠잠히 있고 기도로 모임을 끝내고, 벙어리들은 모두 줄지어 나가 집으로 돌아갔을까?

글쎄, 이방인들은 그런 식으로 하지 않았다. 이방인, 전 이방인, 준 이방인, 반쪽 이방인 모두 가정집 모임에 와서, 얘기를 나누고, 웃고, 떠들었다. 그들은 시끄러웠다. 거기에서 어떤 노래를 불렀는지는 모르지만, 그 노래는 그들이 지었을 것이고, 거기서 배운 것들이었을 것이다. 모임은 쉽게 순간적인 폭소와 얘기에 의해 중단되기도 했을 것이다. 그들이 무엇을 서로 나누었는지는 모르지만, 그것 역시 가장 자연스럽고 격식 없는 질문들과 의견, 발언, 폭소, 가벼운 농담에 의해 중단되었을 것이다.

바울과 바나바는 그들의 메시지가 질문과 의견에 의해 중단될 수 있음을 성도들에게 주지시켰을 것이다. 그들은 이것이 일어나도록 그들의 메시지를 전하는 방식을 디자인했을 것이다! 더 나아가서, 친애하는 독자여, 나누는 것과 노래하는 것, 기도하는 것, 얘기하는 것, 가볍게 떠드는 것 등은 메시지가 끝난 뒤에도 계속 되었을 것이다.

집에 돌아가는 시간이 정해진 적이 없었다. 성도의 교제는 사역의 전에, 중간에, 그리고 후에 계속되었다.

당신이 이것에 관해 의심이 간다면, 지구상에 칼뱅의 주일 의식을 알지 못하는 지역에 가서, 사람들에게 의식에 대해 말하지 말고, 일어나 메시지를 전해 보라. 당신 스스로 당신의 일방적인 얘기가 아닌 쌍방 통행의 대화, 아니 다방 통행의 대화를 경험하게 될 것이다. 메시지 중에 모두가 다 참여해서 발언하고, 떠들기도 하고, 가벼운 농담도 주고 받고, 폭소가 터질 것이다.

그 사람들에게는 유대인의 의식이나 개신교나 가톨릭의 "예배"라는 개념은 아예 존재하지도 않을 것이다.

바울과 바나바가 떠난 후에,
그 이방인들은 그들 스스로 기능을 발휘하는 것을 경험했다.

절대로 이것을 잊지 말라. 그 사람들은 상호간에 깊이 사랑하게 되었다. 그들을 보라! 인생을 서로 책임지며 함께 살았다. 그들에게서 가장 가까운 교회는 800킬로미터 떨어진 곳에 있었다! 그들은 가능한 한 매일 만나서 함께 지냈다. 이 친밀한 관계, 이런 사랑은, 모임이 표현되는 방식에 강한 영향을 끼쳤다.

바울은 말씀을 전했고 중간에 수시로 중단되었다. 그가 말씀을 마쳤을 때 질문과 토론이 잇따랐다. 실제로 소음이라고 해야 더 맞는 말일 것이다. 나중에 바나바와 바울은 성도들과 같이 앉아서 이야기를 들려 주었다. 모두가 다 웃고 같이 참여했다. 모임은 아주 격식이 없었다. 누구든지 노래를 시작할 수 있었다. 나눔의 시간은 자발적이었고, 형식이 없었고, 실질적이었고, 자주 중단되었고, 여기저기서 예측할 수 없는 가운데 진행되었다.

그러나 이런 영광스러운 일조차도 믿을 수 없는 사실에 의해 무색하게 되어 버렸다. 4달 후면 바나바와 바울이 그 사람들을 떠난다는 사실. 탄탄한 사역도 남기지 않은 채, 4개월 만에!

생각해 보라! 대부분 문맹인 그 사람들 모두가, 바울과 바나바가 잠깐 동안 있으면서 전해준 복음의 기억만을 간직한 채로 남겨졌다. 그들 상호간에 뜨겁게 사랑하는 것이 그들이 가진 전부였다. 그러나 그들의 눈앞에 그리스도가 중심을 차지하고 계시고, 그들의 영에 그리스도께서 살아 계셨다.

이것이 1세기의 기독교 신앙이요, 특히 이방인 판version 기독교 신앙이었다!

바나바와 바울이 그 곳을 떠났을 때 갑자기 장로들이 등장했을 것이라는 생각은 절대로 하지 말라. 또는 그 후로 한참 동안 장로들은 설교를 했고, 그 에클레시아는 그냥 조용히 입 다물고 앉아 있었을 것이라고도 생각지 말라.

장로들은 등장하지 않았다.

그 두 사람이 그 곳을 떠났을 때, 에클레시아는 지도자 없는 불가사의 그 자체였다! 그것을 성직자 없는 평신도 중심의 교회라고 하는 것은 상당히 과소평가하는 것이다. 그것은 생명체, 즉 여자였다. 그녀는 든든한 개체로서의 검열을 간신히 통과했다. 그러나 그녀는 우리가 알지 못하는 요소들을 갖고 있었다. 두 명의 교회개척자가 그 곳을 떠나면서 교인 두 명이 줄어들었던 그 날, 성도들은 계속해서 모였다. 그리고 서로 사랑했다. 그리고 서로 돌보아 주었다. 단 4개월 동안의 도움밖에 없었지만, 그 에클레시아는 심장박동을 결코 멈추지 않았다!

당신은 장로들이 언제 등장했다고 생각하는가? 성서에서는 교회의 초기 단계에서 장로들이 임명된 적이 한 번도 없다.

거기에는 장로들도, 지도자들도 없었다. 그 사람들은 그들 스스로 모든 것을 해 나가야 했다.

어느 에클레시아에서든지, 그들만 달랑 남겨진 후 그 다음 해가 절대적으로 중요하다. 그 극적인 시기 없이는 그들 스스로 모임 방식을 발견해 낼 수 없다.

그러나 그들은 해냈다. 그들은 어떻게 모일 것인가를 토론했다. 아무도 그들을 지도해 준 적 없이!

이 평신도들은 그들 스스로 생존하는 법을 배웠다. 거기엔 사역, 노래, 나눔, 간증, 필요를 채움, 서로 돌봄, 그리고 예수 그리스도의 머리 되심 아래 모이는 것이 포함되었다.

하나님께서 우리에게 다시 이런 식으로 교회를 시작할 수 있게 해 주시기를!

당신은 그런 식으로 교회를 시작하는 것을 감히 고려할 수 있는가? 그런 모험을 감행할 사람들을 감히 꿈꾸고 있는가? 그들 또한 그것을 갈망하고 흥분하게 될 것이라고 우리가 믿을 수 있는가? 그런 돌이킬 수 없는 미지의 세계를 향해 대담무쌍하게 돌진하고, 또 그렇게 하는 것에 대해 흥분할 수 있을까?

글쎄, 만약 당신이 모임 방식을 발견하고 싶다면, 그것이 사람들과 교회개척자가 확실하게 치뤄야 할 대가이다! 그 모임 방식을 발견하는 것은 하나님의 사람들 고유의 영역이다. 외부의 간섭 없이 그 교회에 참여했던 성인들은 아마 50명을 넘지 않았을 것이다. 만일 당신이 큰 것을 좋아하는 사람이라면 100명까지는 모르지만, 그 이상은 안 된다.

당신은 우리의 사고방식을 이전 이교도인 이 사람들에게 강요하겠는가? 제발 그러지 말라. 이 사람들은 집집마다 돌아다니며 개인 전도를 하지 않을 것이다. 그들은 성서 학자들도 아니다. 그들은 교회의 주된 목표를 가족의 기독교화에 두지 않았다. 교회 스태프에 기독교인 상담자들을 두지 않았다. 음악 사역자나 노래 인도자를 두지도 않았다. 목사도 없었다! 성서도 없었다. 선교위원회나 여선교회도 없었다. 정치에 참여하는 위원회도, 물론 건물도 없었다. 예산을 세우지도 않았다. 당연히 돈도 없었다. 교육도 없었다. 글을 읽을 줄 아는 사람이 한두 명 정도였을 것이다. 기독교 문서나 노래책도 없었다. 서적도 없었다. 이방인! 아주 무식한 이방인들!

그런 그들이 구원 받았다. 예수 그리스도의 계시의 홍수 속에 4개월 동안 잠겨 있었다. 그리고 지금 그들만 남았다. 이제 가라앉든지 헤엄을 치든지 해야 할 판이었다. 아무런 안전 장치도 없었고, 비상구도 없었고, 재난을 당했을 때 연락할 "119"도 없었다. 그들은 완전히 실패할 때에도 구조받을 만한 긴급구조대책도 없이 버려졌다!

이런 이전 이교도들의 소망은 무엇이었을까? 그들의 비밀은 무엇이었을까? 바로 이것이다.

바울과 바나바가 그 곳을 떠났을 때,

그들은 예수 그리스도에 대한 지식과 경험으로 푹 젖어 있었고,
그들은 기능을 발휘했다.

그들이 기능을 발휘했다.

모임에서, 성도들은 그 자신들이 모임이었다. 모임 밖에서, 그들은 서로 돌봐주었다. 그들이 서로 사랑했기 때문이다. 그리고 그들은 주님과 교제했다.

1세기에, 기독교인들은 그들과 주님 사이의 개인적 경험과 성도 공동체가 주님을 경험한 것을 모임에서 나누었다.

성도들이 그리스도와 함께 매일 동행한 경험을 모임에 가지고 와서 서로 나누었다. 오늘날 우리는 뭔가 재충전 받으려고 빈 깡통을 들고 모임에 간다. 그 당시에 그들은 그들의 삶에서 차고 넘치는 것들을 보고하려고 모임에 갔다.

그 둘 사이는 천지 차이다.

서로 사랑하는 경험과 주님을 경험하는 것이 그들이 가진 전부였다.

글쎄, 그들은 한 가지가 더 있었다. 그들만 남겨진 후에 그들이 스스로 발견한 환경이 그들을 엄청나게 동기 유발시켰다.

이런 류의 사람들이 번성하기를!

그 멋진 사람들의 마음에는 한 가지 생각밖에 없었다. 그것은 바로 생존하는 것이다. 그들은 살아남기 위해 서로를 꽉 붙잡았다. 그들은 이제 서로를 향해 던져진 존재들이었고, 생존을 위해 서로를

철저하게 의지했다.

친해하는 독자여, 당신은 그와 같은 것을 목격하는 특권을 가져야만 한다! 당신은 얼마나 그들처럼 동기 유발되고 싶은가? 이런 환경에 던져지는 것은 천 년 동안 "교회에 다니는 것"보다 훨씬 더 성도들을 변화시킨다. 그 때도 그랬고, 지금도 그렇다!

이 성도들은 오늘날의 교인들이 한 번도 본 적이 없는 열심으로 서로를 보살폈다.

그들은 선택의 여지가 없었다. 그렇지 않은가?

한 사람이 병들면, 그들 모두가 병들었다. 한 사람이 떨어져 나가면, 그들 모두가 고통을 느꼈다. 그들은 믿는 자들의 공동체였다. 즉, 움직이고, 숨쉬고, 기능을 발휘하고, 변화되고, 적응하는, 살아 있는 몸이었다. 유동적이고 융통성 있는! 창조적일 수밖에 없도록 코너에 몰린, 필요가 생기거나 위기가 닥쳤을 때, 각자가 어떤 특정한 영역을 맡을 수밖에 없도록.

그들이 모였을 때, 그들 모두가 모임을 책임졌다. 몸 전체가 각 지체를 보살폈다. 그들은 주님과 사랑에 빠졌고, 또 그분의 아름다운 약혼녀와도 사랑에 빠졌다. 한 마디로 그들은 눈에 보이는, 살아 숨쉬는, 구체적으로 실현된 그리스도의 몸이었다.

그런데도 당신은 주일에 "교회에 다니는"쪽을 택하겠는가?

이제 가장 중심적인 질문을 할 때가 되었다.

친애하는 독자여, 다음 주일에 아무 침례교회나 들어가서, 당신 스스로에게 간단한 질문을 던져보라. 이 사람들이 과연 서로 깊은 사랑을 나누고 있을까? 그들이 피차 보살펴 주고 있을까? 서로 간에 꽉 잡고 의지하고 있을까? 잘 들으라. 나도 침례교 목사였다. 오늘날 어떤 도시에 있든지 전형적인 침례교회에서는, 교인 서로 간에 이름들조차도 알지 못한다!

오늘날의 거의 모든 교회에서는 사실상 "공동체"라는 것은 존재하지도 않을 뿐더러 들어본 적도 없다. 실제로 우리의 머리라는 컴퓨터 속에 있는 사고방식엔 그런 개념조차 없다. 그 말의 정의가 대부분의 교인들이나, 교회들이나, 운동단체들이나, 교단들에 존재하지 않는다.

또한 한 시간짜리 교회 예배의 웃는 얼굴과 친절한 악수와 따뜻하고 친절한 분위기는 "공동체"를 만들어 낼 수 없다.

우리는 정말 멀리 와도 한참 멀리 왔다. 그렇게 생각지 않는가?

주님은 세상이 그분을 따르는 사람들을 알 수 있는 한 가지 방법에 대하여 말씀하셨다. 그것은 그들이 서로 사랑하는 것이다.

당신이 1세기의 에클레시아를 방문했다면, 당신은 서로 간에 잘 아는 사람들, 매일 삶을 함께하는 사람들, 그리고 가능한 한 삶의 모든 영역에서 서로 돕고 사는 사람들을 보았을 것이다. 그들은 서로의 삶에 깊이 연결되어 있다. 그들이 "형제·자매"라고 말할 때, 그것은 농담이 아니었다. 그것은 말이 아니라, 실질적인 삶의 실체였다. 물론 모두가 대인관계에 문제가 있는 사람들이었겠지만, 동시에 이 사람들은 서로 사랑했다. 그리고 그 사랑은 눈에 확 띄었다. 왜냐하면 주님 안에서 그 사랑의 농도가 짙었기 때문이다.

당신에게 차고 넘치는, 눈에 보이게 당신을 압도하는 그런 요소가 없다면, 복잡하게 생각할 것 없이 당신은 에클레시아를 경험하지 못하고 있는 것이다. 당신이 아무리 에클레시아를 가졌다고 우기더라도.

분명하게 표현하자면, 현대 기독교인들은 성도 공동체로서의 그런 상호 간의 깊은 사랑을 경험하지 못한다. 우리가 종교개혁을 폐기 처분하기 전에는, 결코 그것을 경험하지 못할 것이다! 에클레시아의 종교개혁 관습들을 우리의 조상들이 물려받았고, 지금은 우리가 그것들을 상속받았다. 우리에게 이런 종교개혁 관습들을 잔뜩 먹인 그 손을 깨물어 버리자! 현대 교회생활은, "교회"를 이해하고 그 개념을 정리하는 데 있어서, 말릴 수 없는 깊은 상호 간의 사랑을 제외시켜 버렸다! 그런 사랑을 경험하는 작은 그룹들이 간혹 나타나지만, 곧 소멸되어 버린다. 그것을 "교회"가 무참히 짓밟아 버리기 때문이다. 이런 작은 그룹들은 생겼다가는 금방 사라져 버리기 때문에 그 통계를 내는 것이 거의 불가능하다.

우리가 모든 기초를 놓은 그리스도와 초기 교회개척자들에게로 돌아가기 전에는, 우리 신앙의 이 유일한 특징을 결코 볼 수 없을 것이다.

즉, 교회는 모든 것의 중심을
예수 그리스도에 두는 순회 교회개척자들과
아무런 도움 없이 남겨진 성도들에 의해 세워져야 된다.

우리가 이런 방법이 다시 번성하는 것을 보기 전에는, 공동체도 없을 뿐더러 "너희가 서로 사랑하면 이로써 모든 사람이 너희가 내 제자인 줄 알리라"요13:35는 것도 일어나지 않을 것이다. 우리가 이 하나님의 방식으로 돌아가기 전에는, 어떻게 모여야 되는지를 결코 알 길이 없을 것이다.

이것을 꼭 기억하라. 그런 사랑은 바울이 "서로 사랑하라"고 했다고 해서 생기는 것이 아니다. 그 사랑의 근원은 눈에 보이는 피조 세계에 속하지 않는다. 그 사랑은, 그 형제애는, 그런 공동체는 오늘날의 주일 교회라는 것에 의해서는 생겨날 수가 없다. 혹은 그것을 교회 건물이 만들어 낼 수도 없다. 당신이 에클레시아 안에서 그런 깊은 사랑을 보고 싶다면, 주일 의식 전부를 포기해야만 가능하다는 것을 명심하라. "만일…" 또는 "그런데…" 또는 "그러나…"라는 말이 나와서는 안 된다. 조건을 제시하거나, 의의를 제기해서도 안 된다. 그리고 실패할 때를 대비해서 긴급구조대책을 마련해서도 안 된다.

바울과 바나바가 비시디아 안디옥을 떠났을 때, 그 곳의 교회는 약 2년 동안 그 두 사람을 보지 못했다. 이것을 잘 생각해 보라! 그러나 그 에클레시아는 모든 곤란을 무릅쓰고 그들의 교회개척자 두 사람이 돌아왔을 때 지속되고 있었다!4)

그들이 영광스러운 성서공부 때문에 2년 동안 홀로 버텨낼 수 있

---

4) 당신은 이런 식으로 살고 싶은가? 만약 그렇다면, 당신은 그런 경험 속에서 많은 것들을 발견하게 될 것이다. 그 중 하나가 바로 모임 방식이다!

었다? 글쎄, 아마 신학대학원 때문에? 수준 높은 성가대와 음악 프로그램 때문에 교회가 생존했던 것은 아닐까? 아니라고? 그렇다면 아마 따뜻하고, 인상 좋고, 사랑 많은 목사 때문에?

그 냉정한 교회개척자 두 명이 그 무지한 영혼들을 버려두고 떠난 지 한달 후의 모임을 방문해 보자. 그들은 4개월 동안 "말씀의 젖" 수준에도 못 미칠 정도로 충분한 도움을 얻지 못했던 사람들이었다.

그 모임 장소인 가정집은 꽉 들어찼다. 환기가 되지 않아서 고약한 냄새가 진동했다. 밖에는 길 위에 아무렇게나 버려진 쓰레기가 썩고 있었다. 무릎 높이의 쓰레기 더미가 길을 메우고 있었다. 그들이 집에 가려면 이런 오물 사이를 헤쳐가야 했다. 그 사람들의 일은 새벽 4시나 5시에 시작해서 해질 무렵에 끝났다. 어두컴컴해져야만 그 날의 일이 끝났다. 그것도 일을 찾을 수 있는 때에. 2천년 전에는 "고정된 직장"이라는 개념이 아직 없었다. 부유층 사람들이 그들이 필요할 때만 사람들을 고용했다. 이것이 "대다수의 하류층 사람들의 유일한 일거리였다"

하류층 사람들과 노예들이 모임 장소인 거실을 거의 독점하다시피 했다. 노예들은 물론 종살이 하는 사람들이었다. 노예들과 하층민들 중 일부는 농사꾼이었다. 그들은 일 년에 넉 달이나 다섯 달 정도밖에는 일을 하지 못했다. 그들은 땅을 소유한 적이 거의 없었다. 부유층이 사실상 땅 전체를 소유하고 있었고, 나머지는 국유지였다.

농사꾼은 돈이 아닌, 땅에서 수확한 곡물로 임금을 받았다. 그렇게 받은 것을 시장에 갖고 가서 다른 생필품으로 바꿨다. 농사짓고 나서 남은 기간은 날씨 때문에 다른 변변한 일거리가 없었다. 간혹 있는 일거리를 얻으려면, 시장에 서서 고용되기를 기다려야 했다. 고용되면, 하루 아니면 이틀 일하는 것이 고작이었다.

그 성도 공동체에는 고정된 직장을 가진 사람이 사실상 전무했다. 아마 있었다면 그리스 상인이나 유대 상인 정도였을 것이다. 상인들은 부자들에게 물건을 팔거나 가난한 사람들과 물물교환을 했다. 만약 그 모임에 부유한 성도가 있었다면아마 있었을 것이다, 그는 사실상 돈으로 물건을 살 수 있는 능력을 가진 유일한 사람이었을 것이다.

거기 참석한 성도들 대부분은 사회의 가장 밑바닥 삶을 살아가던 사람들이었다. 그들의 수명은 약 30살에서 35살 정도였다. 그들 전부가 영양부족 상태였기 때문에, 그들의 신장은 150cm에서 160cm 사이였다.

한 달 전에, 이 사람들은 그들의 교회개척자요 지도자였던 두 사람을 잃어버렸다. 그들에게는 의지할 성도들, 내재하시는 주님, 기능을 발휘할 줄 알게 된 것, 삶을 나누는 것, 서로 사랑하는 것, 그리고 서로 돌보는 것이 남아 있었다. 그리고 그들은 함께 모이기를 즐겼다! 이것이 그들이 가진 전부였다!

그들은 부러움을 살 만하다. 우리가 그들의 용기를 조금이라도 흉내낼 수 있을까?

내가 강조하고자 하는 것은 갈라디아에 있던 그 일자무식한 성도들이 아무것도 가진 것이 없었다는 점이다. 그들은 예수 그리스도가 중심이 되어야 한다는 그들 신앙의 기초를 교회개척자사도에게 받았다. 그들은 성서의 기초 수준에 머물러 있었다. 그러나 이것을 이해해야 한다. 그들의 최종 목표와 매일의 경험은 에클레시아의 생활 안에서 그리스도를 아는 것과 표현하는 것, 또 사랑 받는 것이었다 수평적으로 그리고 수직적으로. 스스로 그 이야기를 읽어보라!

이 책은 방법론에 관한 책이 아니다! 제목과는 달리, 무슨 방법을 제공하는 책이 아니다. 이 책의 목적은 당신으로 하여금 그리스도가 모임의 중심이 되셔야 할 필요를 느끼게 하는 것과 에클레시아의 꿈을 갖도록 돕는데 있다. 그리고 가능하다면 당신의 인생에 혁신적이고 전체적인 혁명이 일어나도록 돕는 것이다!

그 "방법론"은 교회생활의 도가니에서 발견될 것이다. 인간이 고안해 낸 것들을 무효화시키는 모임 방식이 발견될 것이다. 그것은 밑에서부터 올라오게 될 것이다. 필사적인 열망의 도가니 속에서 나오게 될 것이다.

이제 우리는 비시디아 안디옥에 있었던 에클레시아와 작별을 고하게 된다. 다음 목적지인 이고니온으로 향하는 바울과 바나바의 여행에 동참해 보자.

8 _ 교회개척자들의 미련함

"제도권 교회는 단 두 부류의 사람들을 죽였다.

예수 그리스도의 가르침을 믿지 않는 사람들과 그것을 믿는 사람들."

– 윌 듀란트 –

이고니온에서도 같은 이야기가 반복된다. 4개월 동안에 교회가 세워졌고, 그 두 교회개척자는 그 곳을 떠났고, 성도들은 그리스도께 맡겨진 채로 남겨졌다. 루스드라에서도 마찬가지였다. 그리고 마지막으로 작은 도시인 더베에서 두 교회개척자는 다시 4개월 정도 머물다가 떠났다.

그리고 나서 그 두 사람은 왔던 길로 되돌아가서 처음 세 교회들을 다시 방문했다. 그 때쯤엔 성령님께서 장로들을 택하셨다. 바울과 바나바는 단지 성령님께서 유기적으로 나타나게 하신 장로들이 누군지를 알아본 것뿐이었다.

그 다음엔 무슨 일이 있었나? 당신은 이미 그것을 알고 있다. 초기 교회에 관해 쓴 아무 책에서든지 그것을 읽어보라. 그 두 사람은 공동 목사가 되어 40년 동안 매주 주일에 설교하며 동역했다. 아니라고? 그렇다면 아마 각 교회가 다른 사람을 담임 목사로 모시고, 40

년 동안 설교하게 했을 것이다? 이런 희한한 일은 그 다음 1,500년 간은 벌어지지 않았다!

두 사도가 교회 건물 프로그램을 시작했을까? 그것도 아니라고?

아니다! 그 가혹하고 무정한 두 사람은 각 교회에 기껏해야 1주일 에서 2주일 정도밖에는 머무르지 않았다. 그리고는 이별을 고하고 시리아의 안디옥으로 돌아갔다. 더욱이 이 냉정하고 사랑이 없는 두 사람은 그 후 2년 동안 그 교회들을 방문하지 않았다.

이 미친 "사역자들"은 네 교회 모두에서 발걸음을 옮길 만큼 대담 무쌍한 사람들이었다. 정리하자면 각 교회는 4년 동안 전부 합해서 4개월 정도밖에는 도움을 받지 못했다!

이 두 교회개척자가 혹시 돌지 않았을까? 무자비한 것은 아니었 을까? 아니면 미친 것과 무자비한 것 둘 다?

그렇지 않다!

아주 멋진 바보들이다!

이런 류의 사람들이 더 많아지길!

그 두 사람이 네 교회에서 발걸음을 옮긴 일은 모든 선교와, 모든 선교 단체와, 모든 사역 단체와, 교단과, 복음 전도 운동과, 목사와 교회를 향한 전면 도전이다. 그들의 사고 방식과 우리의 사고방식은 수백억 년은 차이 날 것이다. 전통적 교회에서는 그 누구도 감히 이 렇게 하지 못 할 것이다! 1,500년 동안 그 누구도 그렇게 하지 못했 다! 지금이야말로 그것에 도전할 때다. 다시 한 번!

바울과 바나바가 우리에게 암시해 주었고, 지금도 암시하고 있고, 앞으로도 암시할 것은 교회를 세우는 가장 최선의 방법이다. 이 것이야말로 사람들이 그들 스스로 모임 방식을 발견해 낼 수 있는 유일한 길이다!

그 두 교회개척자의 미친 행동이 끝났다고 생각하지 말라. 더 악화될 것이다!

9 _ 교회들은 2년 동안 아무런 도움도 받지 않았다

"기독교의 긴 역사 전체를 통해 성도 각자가

아무런 의식 절차 없이, 방향 설정 없이, 아무도 그들을

인도하지 않고, 완전한 자유 속에서

지도자 없이 노래를 시작하고, 스스로 깨달은 말씀을 가지고 오고,

자발적으로 자신의 기도를 하고, 모임도 알아서 끝내는

그런 교회 모임은 찾아보기 힘들다.

하지만, 바로 이것이 고대에

교회가 모였던 방식이다."

바울과 바나바는 안디옥의 집으로 돌아왔다.

4년이라는 기간 동안, 네 교회가 외부에서 받은 도움은 전부 합해서 6개월도 되지 않았다. 길어야 6개월이었을 것이다. 그 사역은 아마 일 주일에 한 번, 두 번, 또는 세 번 정도의 모임으로 제한 되었을 것이다. 다 합쳐서 60번 정도아마 40번 정도라고 해야 더 맞을지도 모른다 모였을 것으로 추정된다! 약 40번 정도의 모임에서 받은 도움으로 4년간을 버텨야 했고, 그것은 실제로 그렇게 되었다. 그런 일은 얼마든지 벌어질 수 있다. 그리고 또 다시 벌어져야 한다. 그것은 꼭 벌어지

고야 만다.

이것은 진정 "교회에 다니는 것"과 40년 동안 설교 듣는 것과 같은 기간 동안 앉아 있는 것에 대한 전면 도전이다. 당신은 죽을 것이고, 당신의 자녀들이 또 40년을 듣게 될 것이다. 그리고 그 후로 영원토록.

우리는 다음과 같은 질문을 던져야 한다. "도대체 이 두 사람이 무슨 말을 했길래 그런 강펀치를 날릴 수 있었을까? 그것도 40번 정도밖에는 모임을 갖지 않았는데. 그들의 메시지는 무엇이었을까?"

메시지

다른 곳에 있는 성도들에게서 수백 킬로미터 떨어진, 이교의 한복판 외진 곳에 파묻혀 있던 네 개의 이방인 교회에 그 두 사람이 전한 복음은 어떤 것이었을까? 어떤 메시지를 전했길래 그런 엄청난 결과를 만들어 낼 수 있었을까?

그것이 무엇이었던지, 그 메시지는 진정 오늘날엔 널리 퍼져 있지 않다.

당신에게 이 핵심적인 질문에 대한 답을 제공해 주려고 사람들은 여러 가지 설을 주장한다. 그 중에 다음과 같은 것들이 있다. 능력, 말세론, 복음 전도, 영적 전쟁, 성서공부 등이다. 그것들은 한동안 강조되어 왔던 것들이다. 그러나 그런 사역의 "갈라디아 급"의 결과가 어디 있는가? 위에 열거한 것 들 중엔 없다. 위와 같은 주장들은 갈라디아를 만들어 낼 수 없다. 적어도 이 지구상에서는.

당신이 대단한 메시지를 갖고 있기 때문에, 4개월 동안 메시지를 전할 기회가 당신에게 40번 주어진다면 물론 야만인들을 향해 당신이 그들에게 그 메시지를 전해 주고, 약간의 실질적 도움을 주고는, 그들을 4년 동안 떠날 수 있다고 당신은 정말 믿는가? 그들을 떠나서 아무런 도움도 주지 않고 그들을 남겨둘 수 있는가? 그리고 만약 그렇게 할 수 있다고 생각하는 사람이 있다면, 왜 그렇게 하지 않는가?

당신이 할 수 있다면 제발 그렇게 하라!

사실 모든 사역자가 이 테스트를 받아야 한다. 이 테스트에 합격하지 못한다면, 당신의 복음은 별 것이 아니다. 당신이 만약 그렇게 할 수 있다고 생각한다면 시도해 보라.

그런 경이적인 복음은 복음주의 기독교에는 존재하지 않는다. 당신이 만일 그런 복음을 가졌다고 생각하면, 당신의 교회에 8개월 동안 휴직을 요청하고, 성서 외에는 아무것도 가지지 말고 맨손으로 복음의 불모지에 가서 시도해 보라.

그리고 한 가지 더, 집을 떠나기 전에 당신의 복음을 다시 한 번 시험해 보라. 당신의 복음이 그것을 할 수 있을 것인지 아닌지. 당신은 지금의 교회에서 그 복음을 전해오지 않았는가? 불쌍한 이교도들에게 가기 전에, 먼저 당신의 복음을 당신의 교인들에게 시험해 보라! 지금 당장! 떠나기 전에.

당신의 교인들은 성직자와 장로들과 집사들 없는 사역에 동의했는가? 교회 건물을 자물쇠로 잠그라. 당신의 교인들은 8개월 동안 아무런 외부의 도움도 받아서는 안 된다. 당신은 내일 당장 떠날 수 있을까? 이것을 어떻게 해결할지에 대한 아무런 지침도 당신의 교인들에게 남기지 않은 채?

시도해 보면 어떻겠는가?

당신이 할 수 있다고? 만약 당신이 시도해서당신이 서구 사람이라면 당신이 돌아왔을 때 당신의 교회가 번성하고, 당신이 불모지에서 맨손으로 세운 교회 또한 당신이 떠난 후 4년 동안 번성한다면, 필자는 당신이 어떻게 성공했는가에 대한 이야기를 책으로 쓰겠다.

도전해 볼 사람 있는가? 다시 반복한다. 그런 복음은 복음주의 기독교 세계에는 존재하지 않는다. 그 당시 사람들이 오늘날 기독교인들보다 질적으로 더 좋았을 것이라고 생각하는가? 형제여, 더 이상 스스로를 속이지 말자. 세계 전역의 선교지에서 우리는 그런 무지한 사람들을 좌지우지하면서 수 세대를 지내왔다. 그렇게 무지하고, 그런 일자무식한 사람들만 홀로 남겨놓는 법은 없다. 사역자들과 선교자들은 감히 그렇게 하지 않는다!

뭔가 달랐던 메시지

그 복음의 비밀은 성서에 관한 사실로 가득 찬 가르침을 쏟아 붓는데 있지 않았다. 그 사람들에겐 가르침을 추출한 만한 성서도 없었다. 그런 식으로 하는 것이 유서 깊은 전통이긴 하나, 그것은 교회를 세우는데 있어 필수 요소는 아니다. 갈라디아 스타일 같은! 오늘날 지상의 모든 복음주의적이고, 보수적이고, 근본주의적인 신학대원들은 사실상 전부다 "그들에게 성서공부를 시키라"고 말한다.

당신의 비결이라는 그것을 A.D. 47년의 갈라디아에서 시도해 보라. 꼭 기억하라. 당신에겐 4개월밖에 없다!

그 가난하고 미개했던 사람들과 그들의 모임에 어떤 놀라움과 능력과 영광이 있었겠는가? 단지 4개월의 사역에서 그 야만인들에게 무슨 참을성이 생겼겠는가? 그 복음이 무엇이었든지 간에, 그것은 오늘날의 영구적 사역인 설교영원 무궁히 수북하게 쌓인 설교를 고발하고 있다. 만약 현대 복음주의 기독교인들이 갈라디아에 복음을 들고 갔다면, 우리는 아직도 거기서 돌부처 같은 벙어리들을 향해 설교를 계속하고 있을 것이다. 그리고 영원히!

다시 반복한다. 당신에겐 4개월밖에 없다!

오늘날의 사고방식은, 만일 하나님의 사람들이 주일에 두 번 "교회에 오지" 않는다면, 그들은 아마 전부 무서운 죄에 빠지게 될 것이고, 무슨 지독한 이단에 빠지거나 세상에 빠져 타락하게 될 것이라는 것을 상당히 내포하고 있다.

우리는 현재, 주일의 한 시간짜리 의식에 참석하는 것이, 일주일 안에 나쁜 죄인이 되는 것에서 우리 기독교인들을 구해주는 하나의 필수 요소라고 믿는, 한심한 사고방식을 갖고 있다! 그리고 이 모든 것과 상관 없이, 평신도들은 교회를 운영할 수 없다. 우리의 행동들은 에클레시아가 결코 평신도들의 손에 들어가서는 안 된다는 것을 내포한다. 그리고 그들이 회심한 후 4개월 만에 그렇게 되는 것은 더더욱 말도 안 된다고 생각한다.

우리는 평신도들을 신뢰하지 않고, 평신도의 기독교를 믿지도 않는다. 우리의 사고방식과 우리의 행동들이 이 모든 것을 암시한다.

다시 한 번, 당신의 복음을 시험해 보지 않겠는가? 다음 주에 떠나라. 갈라디아 스타일로!

만일 우리가 이것을 하지 않는다면, 우리는 암시하는데 그치지 않고 평신도를 신뢰할 수 없음을 사실로 확인시켜 주게 된다!

우리가 인정하든 하지 않든, 이것이 사실 아닌가?

우리의 사고방식에 뭔가 고장이 났다.

그 나머지 3년 반 동안에 무슨 일이 벌어졌을까? 당신 스스로 해답을 찾아보라.

역사는 별로 바뀐 것이 없지만, 이것이 다시 시도된다면!

우리가 이 기초, 이 원초적인 방식으로 되돌아가기 전에는, 전혀 매력적이지 않은 "교회"를 답습하게 될 것이다. 믿는 사람에게나 믿지 않는 사람들 둘 다에게 매력이 없는 교회. 우리는 아름다워야 할 그리스도의 신부를 선포해야 한다. 사실 우리가 그녀를 나타내는 수준은 뻐드렁니와 안짱다리와 주근깨가 가득한 얼굴과 사팔눈 수준조차도 되지 않는다.

바울과 바나바가 갈라디아에서 탄생시켰던 바로 그 여자를 오늘날 찾도록 노력해 보라. 주일 아침 11시부터 살피는 것으로 시작해 보라. 그녀가 혹시 회중석 어디엔가 숨어 있지 않은지 거기를 뒤져 보라. 당신은 그녀를 아마 아프리카의 어떤 마을에서 찾게 될지도 모른다. 그러나 당신은 그녀를 존 칼뱅의 주일 의식이나 색유리로 치장한 건물이나 흐리멍덩한 눈을 가진 구경꾼들 사이에서는 결코 찾을 수 없을 것이다.

나는 당신이 오랫동안, 그리고 열심히 그 네 교회들에 관해 생각해 보기를 권한다. 그 짧은 기간 동안에 대해 생각해 보라. 오늘날 우리의 것에 그것을 맞춰보라. 만약 비교할 수 있다면, 전혀 어울리지 않을 것이다.

우리는 그 정도로 압도하는 복음을 다시 발견할 수 있을까? 할 수 있다. 그러나 예수 그리스도가 중심이 되심을 우리가 재발견하기 전에는 할 수 없다. 우리가 주님에 관해 토론하는 복음을 집어치우고 그리스도 그 자체인 복음으로 대체하기 전에는 할 수 없다. 우리가 주제 중심의 복음을 폐기 처분하기 전에는 불가능하다. 그리고 우리가 주님을 중심으로 한 복음을 얼싸안기 전에는 할 수 없다.

"어떤 것"을 중심으로 한 복음과 주님을 중심으로 한 복음 사이에는 엄청난 차이가 있다. 우리는 깊고도 오래 견뎌야 하는, 주님과 동행하는 삶으로 사람들을 인도할 수 있을까? 우리는 우리의 열정을 다해서 스스로 그렇게 주님과 동행하는 삶을 살게 할 수 있을까? 우리는 필요한 모든 것을 단지 4개월 만에 다 채워주는 막강한 복음을 발견할 수 있을까?

우리는 우리 복음의 가장자리에서 맴도는 주제들을 집어내 버리고, 사람들을 모든 두려움과 규칙들에서 철저하고 완전하게 해방시킬 수 있는 과감한 일꾼들을 과연 가질 수 있을까? 우리는 지도자 없이 평신도들이 교회가 되도록 신뢰하는, 하나님의 부르심을 받은 사람들을 볼 수 있을까? 우리는 짧은 시간 동안에 전파되어 4년 동안 지탱할 교회를 만들어 낼 수 있는 복음을 다시 한 번 가질 수 있을까?

그럴 수 있다. 우리는 할 수 있다. 그러나 당신이 만약 살아 생전에 그것을 보기 원한다면, 당신은 지금 가진 것을 스스로 포기하라. 당신은 혁명을 보기 원하는가? 그렇다면 주 예수 그리스도께만 온전히 집중된 복음을 선포하라.

작정된 짧은 시간이 지나면 임명된 지도자나 눈에 보이는 지도자 없이 교회가 남겨지게 될 것이라는 사실을 성도 전체가 인식하는 가운데, 이 복음이 고통스러울 정도로 짧은 기간 동안 전파된다는 충격적인 상황 속에서! 친애하는 독자여, 이것이 혁명이다. 믿기지 않는 동기를 유발하는, 높은 수준의 드라마로 휩싸인 혁명이다. 그리고 무엇보다도 다른 모든 것은 할 수 없을지라도, 이것만큼은 해내고야 만다.

바울과 바나바는 안디옥의 집으로 돌아가서 2년 동안 거기 머물렀다.

갈라디아에 있는, 방치되었던 가엾은 그 네 교회에서는 무슨 일이 벌어졌을까? 글쎄, 그들에게 그것이 가벼운 일이었을 것이라고 넘겨 버리면 안 된다. 4개월짜리 복음은 극도의 시험을 통과해야 했다. 이 사람들과 그 복음 위에 우박, 염산, 황산, 홍수, 불이 떨어졌다. 그 무지하고, 평신도들만 남은 네 교회는 믿을 수 없는 공격에 시달려야 했다!

당신은 어떻게 생각하는가? 그들이 과연 그 시험을 통과했을 것이라고 생각하는가? 정말 그런가? 그렇다면 당신은 왜 지금 그 상태를 고집하고….

10 _ 당신은 이것을 도움이라 칭하는가

"사람들은 때때로 진리에 걸려 넘어진다.

그러나 대부분은 마치 아무 일도 없었다는 듯이 급히 털고 일어난다."

– 윈스턴 처칠 –

갈라디아의 가정집들에서 모임을 가졌던 그 네 교회에 무슨 일이 벌어졌는가? 다른 모든 악조건 위에 설상가상으로 그들은 극단적 율법주의자들의 침입을 받았다. 이 침입자들은 갈라디아 교회들의 모임에 나타나서, 예루살렘 교회가 공인한 문서를 흔들어 대면서 바울과 갈라디아 성도들을 규탄했다. 그리고 나서 이 율법주의자들은 그 가정집 모임들에서 이단 신앙에 관해 소개했다!

모든 인간적인 복음에 심판의 불이 임하게 된다. 대부분의 사람들은 나무나 풀이나 짚으로 된 복음을 가졌다. 그것은 불이 떨어질 때, 다 타서 재로 변할 것이다. 나는 이방인들에게 전한 금과 은과 보석으로 된 복음을 가졌다. 내가 세운 교회들에 불이 떨어질 때 하나도 불타지 않을 것이다.

위와 같이 말한 사람이 있다. 그가 그 말을 할 때는 정말 그 말 그 대로를 의미했다. 당신은 그렇게 말할 수 있겠는가? 만약 그럴 수 있다면, 바울이 한 것처럼 시험해 보라. 4개월! 그리고 나서 떠나라!

그 불시험이 지나간 지 얼마 후에, 바울은 실라를 대동하고 그 네 교회를 다시 방문했다. 무슨 일이 벌어졌는가? 그들은 산산조각 난 교회들에서 어떤 잔재를 발견했는가? 바울과 실라는 그 네 교회의 문제들을 해결해 주고, 다시 원점으로 돌아가서 "그들을 그리스도 안에서 자라나게" 하려고 각 교회마다 수년씩 머물러야 했다! 그 네 에클레시아는 얼마나 만신창이가 되어 있었을까? 나는 당신이 "그 교회들은 수년의 사역이 필요하다. 그리고 건전하고 강력한 성서적 교리들을 확립시켜 주기 위한 설교가 필요하다. 이런 크나큰 참사를 수습하려면 상당한 기간이 걸릴 것이다!"라고 하는 것을 듣는다.

만일 당신이 목사이고, 어쩌다가 바울의 복음에 버금가는 놀라운 복음을 갖게 되었다면, 그 복음이 다음과 같은 일을 훌륭히 해낼 수 있을지를 생각해 보라.

갈라디아의 그 네 교회가 무능력하게 되었을까? 절대로 그렇지 않다! 바울과 실라는 그 일자무식한 이방 사람들에게 인사를 나눌 시간조차 거의 없을 정도로 짧게 그 곳들에 머물렀다.

읽어 나가면서 함께 울라!

두 사람은 왔고, 잠깐 사역했고, 미치광이들처럼 네 교회의 미래에 관해서는 아무런 두려움 없이 아득히 멀리 사라져 버렸다. 그들이 미쳤든지, 아니면 교회의 참 모습을 우리가 이해하는 데에 뭔가 큰 구멍이 났든지, 둘 중 하나일 것이다. 당신은 그들의 정신병적 증세가 여기서 끝났다고 생각하는가? 잠시만 기다리라. 이제 이 두 사람은 미치광이 차원을 한참 넘어서게 될 것이다.

두 사람은 뭔가 한참 돈 짓을 했다.

이 두 사람이 그 네 교회들을 떠나면, 그 교회들에는 유일하게 남은 소망 하나가 있었다. 루스드라 교회에서 자라나서 네 교회를 전부 돌아다니며 도움을 주었던 젊은 "사역자"가 바로 그들의 희망이었다. 그 네 교회들이 얼마나 이 젊은이를 필요로 했겠는가? 그러나 두 교회개척자는 그를 도적질해 갔다! 그들은 이 젊은이를 데리고 떠나 버렸다!

이것을 다시 읽어보라. 그들은 네 교회가 가졌던 유일한 도움을 훔쳐갔다. 바울은 "오늘날 교회가 필요한 것은 더 많은 탄탄한 설교이다"라는 주장에는 별로 관심이 없었던 듯하다. 우리가 아는 어떤 표준을 들이대도, 이 두 교회개척자는 자타가 공인하는 미치광이들이었다! 그들은 출교를 당할 만했다! 이 절박한 상황 속에 있던 사람들을 위해 사역할 수 있게끔 가능성을 보여 주었던 유일한 사람을 교회에서 강탈해 가는 순종 철면피들을 보라.

여기에 누군가는 빗나갔어도 한참 빗나가 버렸다. 그게 우리인지 그들인지를 당신이 판가름해 보라.

그 젊은이의 이름은?

디모데였다.

이런 대담무쌍한 행동이 우리에게 시사하는 바가 무엇인가?

에클레시아 생활에 대한 우리의 갈망을 채워 주는데 있어, 이 두 사람은 하나님나라를 위한 교회개척자의 중심 위치를 우리에게 보여준다. 복음 전도자가 아니고, 목사가 아니고, 선지자도 아니다. 중심 인물은 순회 교회개척자이다.

1세기의 교회개척자는 지역교회에서 설교가 별로 많이 필요치 않다고 보았다! 바울은 갈라디아에서 디모데가 별로 필요치 않다고 보았다. 다시 반복한다. 최근에 무참하게 공격을 당했던 그 네 교회는 디모데를 필요로 하지 않았다! 그 누구도 필요치 않았다! 바울은 우리가 생각하는 식으로 생각지 않았다.

우리는 목사와 성서를 배우는 학생, 뭐 이런 식으로 생각한다. 그 두 개념은 각각 1,500년 뒤에, 그리고 1,800년 뒤에 생겨난 것들이다.

바울은 순회하며 사역하는 이 젊은이에게서 "교회개척자"의 가능성을 보았다. "교회들은 그 지역에서의 사역에 이 젊은이를 필요로 하지 않는다. 그 몸교회 자체에 필요한 지체들이 이미 다 있다." 이 세상이 꼭 필요로 하는 것들은 교회개척자들이다!

바울은 실제로 갈라디아 사람들에게는 디모데의 사역이 필요 없다고 생각했다. 그 대신에 그는 "디모데가 교회개척자들을 따라다닐 필요가 있다"라고 생각했다. 이것이 바로 교회개척자들을 세우는 방법교회개척자들과 함께 여행하는 것이었다.

친애하는 독자여, "목사"에 집착하지 말라. "성서공부"에 집착하지도 말라. "오랫동안 설교 듣고 가르침을 받아야 한다"는 생각을 버리라. "교회개척자"의 필요성에 대해 생각해 보라. 순회하는, 기동성 있는, 옮겨 다니는, 방문했다가 떠나는 교회개척자.

교회에서 자라난 교회개척자를 통해서 교회는 시작되어야 한다. 그에게 어떻게 모임을 갖는지에 대한 비밀이 있다.

바울과 실라가 디모데를 도적질해 가는 것에 주목하라. 이것은 시작의 중요성을 우리에게 보여 준다. 바울의 눈에는, 그 절박한 환경 속의 성도들을 위해 사역하도록 디모데를 남겨두는 것보다 이 젊은이를 교회개척자로 훈련하는 것이 더 중요했다.

그 네 교회들은 얼마나 잘 돌아갔기에, 이런 괘씸한 도둑질을 하나도 이상하게 보지 않았을까? 정말 그랬다면 이것이야말로 오늘날 우리가 사역에 두는 모든 가치와 정면 배치되는 견해가 아닌가? 능력이라곤 조금도 없는 교회들이었지만, 단 며칠의 방문에 만족하고, 주님과 그분의 사람들만을 전적으로 의지하고 다시 그들만 달랑 남겨질 수 있을 정도로 잘 돌아갔던 교회들을 상상해 보라.

이런 교회들이 이 땅에 다시 살아 움직이게 되기를!

이제 다시 한 번 우리의 산수공부를 해 보자.

4년 동안 4개월 정도의 사역.

4년 후에는?

한 주 내지 두 주 정도의 도움.

그리고 나서 바울은, 그들 중에서 유일하게 말씀 전하는 은사를 소유했던 디모데를 그들에게서 도적질해 갔다.

6년 동안에 전부 합쳐서 5개월 남짓한 도움! 여기서 계산하는 것을 그만두자. 어째서? 그 다음엔 그 통계를 감당할 수 없고, 그것이 믿어지지 않고, 우리 스스로 너무 부끄러워서, 우리가 더 이상 그것을 생각하기조차 싫어할 것이기 때문에!

나는 이것을 교회 역사상 가장 믿기지 않는 놀라운 사실로 들고 싶다.

당신은 기적을 원하는가? 능력을 원하는가? 우리 시대에 이것을 해내 보라! 이것이야말로 내가 이제까지 들어본 모든 기적을 납작코로 만들어 버릴 것이다.

4개월 동안의 모임, 그리고 그게 전부…. 그리고 몇 년을, 또 몇 년을, 또 몇 년을….

이것이 어떻게 가능했을까? 간단하다. 그 네 교회는 기능을 발휘했다. 모든 모임은 우리가 칭하는 바 소위 평신도의 수중에 있었다. 그것을 당신의 조직 체계 속에 집어넣어 보라.

교회 위원회에서 교회개척자들을 뽑는 당신이 이것을 교회개척자의 자격 요건으로 제시해 보라. 6년이라는 기간 동안, 한 교회에서 4개월 정도의 사역을 지켜보라.

그것이 그 당시에 가능했다면, 오늘날이라고 되지 않을 이유가 있겠는가? 당신에게 필요한 전부는, 그리스도를 중심에 놓은 4개월 간의 사역과, 하나님의 사람들에게 그리스도를 경험하는 방법과 내재하시는 주님에 의해 살아가는 방법을 알게 하고, 그들만 남겨둔 채 거기를 떠나는 것이다. 그리고 그들 스스로 자신들을 위해 모임 방식을 발견하도록 해야 함을 명심하라. 그런데 잠깐 1세기의 모든 교회개척자는 교회 개척에 나서기 전에 교회 생활을 경험했다.

복음 전도, 1세기 스타일

우리 시대에 세계 복음화가 이루어져야 한다는 것에 사로잡혀 있는 사람들이여, 바울이 갈라디아에서 교회 네 개를 세우고 갈라디아 지역 전체가 복음화되었다고 생각했음을 제발 주목하기 바란다! 복음화의 가늠자는 구원 받은 사람의 수에 있지 않고, 에클레시아를 세우는 데 있다.

우리가 "에클레시아"라 할 때, 그것은 성도의 공동체를 뜻한다. 무슨 강당처럼 보이는 수상쩍은 곳에 별로 관계도 없는 사람들이 잔뜩 모여서, 매주 강의를 경청하는 그런 모임을 가리키지 않는다.

우리의 것은 바울의 것과 비교해 볼 때 이상한 사고방식임이 틀림없다! 바울의 생각은 에클레시아를 세우는 것에 집중되어 있었지 영혼 구원에 있지 않았다. 다음의 중요한 사실을 또 주목하라. 바울은 교회를 세우려고 복음을 전했다. 그는 복음을 전하려고 교회를 세우지 않았다.

복음 전도의 궁극적 목표는 각 지역에 에클레시아를 세우는 것이었다! 복음 전도는 특정한 지역에 에클레시아를 세워 자라나게 하는 것 이외에는 다른 큰 목적이 없었다. 복음 전도는 결코 목표가 아니었다. 복음 전도는 에클레시아를 보조했다. 우리는 언젠가 그 영적인 말을 마구간에 도로 가둬놓아야 한다.

복음 전도는 교회 개척과 교회의 번성을 위한 도구이다. 그것은 그 자체로서는 존재할 이유가 없다. 특정한 지역에 특정한 에클레시아를 세우는 일에 사용되는 것 이외에는, 복음 전도는 존재해서는 안 된다![5]

바울은 한 지역이 복음화된 것으로 간주했고, 복음 전도에 관한 한은 그의 주요 임무를 완수한 것으로 보았다. 복음 전도는 그 가정 집들의 모임에 속한 것이었다.

그 네 교회의 전체 성도 수는 아마 전부 합해서 200명 미만이었을 것이다. 무슨 가치관이 이럴 수 있을까? 우리의 개념과는 달라도 너무 달랐다. 갈라디아 지역 전체에 200명이 모였고, 바울은 그 지역

---

5) 물론 당신이 비행기를 타고 갈 때 옆에 앉은 사람이 예수 그리스도에 관심이 있을 때엔, 당연히 복음 증거가 적합한 것이고 또 그를 그리스도께로 인도하는 것이야말로 당신이 해야 할 올바른 행동이다. 그러나 지역의 "성도 공동체"의 탄생에 관심 없이, 사람들을 지옥에서 구출하려는 목적으로 교인들을 강요해서 전도하게끔 하는 덕지덕지 붙여진 개념은, 절대로 성서적 전례도 없을 뿐더러 초기 성도들의 사고에도 없었던 것이다. 기독교인이 되는 것과 성도 공동체에 속하는 것은 뗄래야 뗄 수 없는 하나의 개념이었다. 단지 구원만 시키는 복음 전도는 지역 에클레시아의 지체들에게는 상상 밖의 것이었다.

이 "복음화 된" 것으로 간주했다. 그렇다! 살아 숨쉬는, 힘찬 에클레시아가 거기 있었다! 바울의 것과 우리의 것, 두 가지 개념 중 하나는 포기되어야 한다!

교회 개척자들에 의해 에클레시아를 세우는 것은 우리 시대에 다시 한 번 중앙 무대를 차지하려고 기다리고 있다!

바울과 실라와 디모데는 갈라디아에서 며칠을 머물고, 다시 한 번 그 네 교회를 버려뒀다. 그들은 그 다음 어디를 향했는가? 그들은 방치될 교회들을 또 세울 수 있다고 믿는 강심장을 가진 사람들이었다! 이제는 그리스에서. 그리고 그들은 그런 대담무쌍한 행동이 앞으로 세워질 4개 교회들의 생존과 번성을 막을 수 없을 것이라고 믿기까지 했다!

지금쯤은 당신도 짐작하겠지만, 세 사람은 정말로 미쳤다.

11 _ 그리스의 교회들은 어떻게 모였는가

"1세기에는 기독교인의 수가 얼마 되지 않았다.
이것은 아마 그 다음 세기들 전부에서도 마찬가지였을 것이다. 오늘날
기독교가 직면한 가장 큰 문제는 기독교인이 너무 많다는 것이다."

갈라디아에서의 무모했던 실험에서 배운 것을 바탕으로, 4개월 동안 한 곳에 머물렀다가 그 교회들을 유아상태로 남겨두고 떠나는, 바울과 실라와 디모데는 똑같은 것을 하고자 그리스로 향했다(그러나 이 사람들은 그들의 교훈을 얻었다! 그들이 다음에 교회를 세울 때는 4개월 이상을 보내야 한다는 것).

그들은 빌립보 성으로 갔다. 거기서 3주를 지냈다.

3주! 읽어 가면서 울라!

그게 전부가 아니다. 이 바울남성 우위론자로 알려진이라는 사람이 교회를 여자의 손에 맡기고 떠났다. 물론 그는 그녀가 모임에서 말하는 것을 금했을 것이다.

바울이 3주 만에 빌립보의 에클레시아를 떠난 사실은, 그 다음 5년 내지 6년 동안 배열된 의자들에 교인들을 앉히고, 강단에 올라가 하나님의 사람들 앞에서 "설교 말씀을 외치는" 식의 교회가 1세기에

는 존재하지 않았음을 조금의 의심도 없이 증명한다!

당신은 어떤 쪽을 선택할 것인가? 일주일에 한 번, 한 시간짜리 강의를 듣는 것? 아니면 성도의 공동체 속에 깊이 들어가 헤엄치는 것? 초기 에클레시아의 중심 메시지는 예수 그리스도 자체였다. 그것과 쌍벽을 이루었던 것이 그리스도를 아는 것과 함께 모이는 것을 통해 유기적으로 생겨난 성도의 공동체였다.

이것이 얼마나 놀라운 것인가?

성도의 공동체! 그것은 설명되거나 정의될 수도 없고, 오직 보여지고 경험될 수밖에 없다. 그것은 하나님의 사람들이 서로 사랑하고 돌봐주고, 미친 듯이 서로 의지하는 것을 말한다. 이것 외에 수많은 다른 요소가 있지만, 대부분 설명이 불가능하다.

바울과 실라와 디모데는 또 세 개의 다른 도시들로 옮겨갔다.

먼저 베뢰아를 거쳐서 데살로니가에 왔다. 이 두 도시에서, 그들은 4개월 내지 5개월 정도를 머물렀다. 물론 그들은 과거의 실패에 대해 아직 아무것도 배우지 못했다. 5개월, 그리고 그들은 에클레시아를 남겨두고 떠났다.

그들은 여기에서 갈라디아 이상으로 더 친절하지 않았다. 이 사람들은 미쳐도 한참 미쳤다. 우리의 방식이 옳다? 아니면 그들은 자신들이 무엇을 하는지 스스로 잘 알았고, 우리는…?

여기에 1세기 교회개척자들의 특징이 있다. 이 사람들은 하나님의 사람들을 정말 신뢰했다. 그들은 평신도들을 신뢰했다. 이게 좀 요상한 생각이라는 느낌이 들지 않는가? 훈련되지도 않은 평신도들을 신뢰한다는 것, 그것도 그리스도 안에 들어온 지 몇 주밖에 안 된 사람들을 말이다. 수백 킬로미터 아득하게 떨어져 있는, 태어난 지 얼마 되지도 않은 에클레시아를 그런 사람들에게 완전하고 철저하게 맡겨놓는다는 것! 아니면 그들이 신뢰한 대상이 내재하는 주님이셨을까? 아니면 이 평신도들을 신뢰한 장본인이 내재하는 주님이셨을까? 어느 쪽이던 간에, 우리 시대에는 전혀 알려진 바 없는 신뢰임이 분명하다.

고린도

자, 이제 고린도로 가 보자. 고린도는 아주 예외적인 케이스이다. 바울이 10년 동안 거기 머물렀다? 당신은 5년쯤은 머물렀을 것이라고 믿는가? 3년은 어떨까?

바울은 다 합쳐서 18개월 동안 고린도에 머물렀다.

왜 그렇게 오래 있었을까? 당신은 그것을 긴 기간이라고 부르는가?

나는 미국 텍사스주의 동북 깊숙이 위치한 도시에 살았는데, 그 도시의 가장 큰 교회들 중 하나의 담임 목사가 그 교회에서 30년 이상 근속하며 강단에서 설교했다 고린도? 아니다.

이것을 생각해 보라. 그 도시에 있는 하나님의 사람들은 교회당에 와서, 아주 조용히 앉아서, 그 똑같은 사람에게 30년 이상 설교를 들었다. 그들은 한 시간 후에 줄지어 그 건물에서 나간 다음, 다음 주에 다시 돌아왔다. 그런 식으로 30년 이상, 성인으로서의 삶 거의 전체를! 그 사람들은 결국 만족할 만큼 성숙해지고, 충분히 성인이 되어서, 각자 제 기능을 발휘했을까? 그 목사가 은퇴하던 날, 그가 부임하던 날보다 그 교회가 영적으로 더 나아졌을까? 옮겨진 것이 뭐가 있었을까?

종국에 가서 그 사람들에게, 안락한 의자에 앉아 설교를 듣던 것보다 뭔가 더 할 수 있게끔 준비된 것이라도 있었을까? 마침내 이제는 그들이 미약하나마 제 기능을 발휘할 자세라도 갖추게 되었을까? 아니면 그 법석댔던 것이 다 목표 없는 공전만 거듭한 것이었을까?

궁극적으로 아무런 성취도 없고, 그들이 시작했던 바로 거기에서 끝나 버린…, 30년이 지났다면 뭔가 생겨나야만 말이 된다. 그런데 그게 아니고, 똑같은 것이 후임 목사에 의해 계속 반복되었다! 정말 그렇다. 후임 목사도 사실상 그의 성년기 전체를 그 동일한 사람들을 향해 설교하며 보냈다. 그 역시 은퇴했다. 그리고 또 아무것도 옮겨진 것이 없었다.

반 세기가 넘는 기간 동안 아무것도 된 것이 없었다. 하나님의 사람들은 단지 교회당에 왔고, 그들의 조상들의 자리를 대신했고, 몇 가지 정보를 얻은 후 또 줄지어 건물을 나갔다. 후임 목사도 거기서 30년 이상 설교했다. 그가 은퇴했을 때, 그 교회에는 여전히 아무것도 옮겨진 것이 없었고, 바뀐 것도 없었다. 그들은 이제 세 번째 목사를 맞고 있었다.

우리의 것은 목적이나 목표가 없이 공전만 거듭한다.

친애하는 독자여, 아무리 잘 봐주려 해도, 이것은 솔직히 말도 안

된다! 이것이야말로 진짜 미친 것 아닌가? 한 가지는 분명하다. 필자의 고향인 텍사스주 타일러에서의 방식은 1세기의 이방인 교회들이 세워지던 방식과 전혀 들어맞지 않는다. 그것은 칼뱅이 제네바에서 죽을 때까지 사람들에게 강의한 이후 지난 450년 간 성행했던 방식과 딱 들어맞는다. 그 50년이나 60년을 바울이 고린도에서 사역했던 18개월과 비교해 보라! 18개월은 그리 길지 않은 시간이다. 그렇다고 생각지 않는가?

다시 반복하고자 한다. 바울은 고린도에서 18개월을 지냈다! 같이 고린도로 가보자. 고린도 교인들이 그 누구보다도 1세기의 모임에 관해 우리에게 얘기해 줄 수 있다.

12 _ 그리스에 있던, 오버하던 교회

> "인간의 마음에 의해 고안된 가장 지루한 것은 주일 아침
> 교회 예배이다. 그 시간 집에서 세탁기 돌아가는 것을 보는 것이
> 훨씬 더 재미있고, 아마 더 유익할 것이다."

고린도 사람들은 가이오의 집에서 모였다. 그들의 수는 아마 아주 많지는 않았을 것이고, 거실 하나에 다 들어갈 수 있었을 것이다. 그 거실은 꽤 컸던 모양이다.

그러나 고린도의 모임에는 교인들이 두 명 또는 세 명이 동시에 일어나서 얘기하는 좋지 못한 습관이 있었다. 당신은 그런 것 비슷한 것이라도 본 적이 있는가? 본 적이 없다면 이것을 알아야 한다. 당신은 그런 모임을 볼 권리가 있다.

뭐라고?

정말 그렇다. 형제들과 자매들은 주 예수 그리스도에 관해 그 정도로 흥분할 수 있고 또 흥분해야 한다. 그 분위기가 얼마나 고조되는지, 당신은 다른 사람이 말할 때 의자를 꽉 붙잡고 있어야 할 것이다. 그런 분위기 속의 그런 방해 요소들에 대해, 당신 가정의 아침 식사 테이블에서 있을 수 있는 소란한 분위기를 연상하면 된다.

필자는 먼저 말하던 사람이 주님에 관해 흥분되는 것을 나누려는 다음 사람을 위해, 말하던 것을 중단했다가 나중에 다시 말을 꺼내려 할 때, 세 번째 사람이 그 틈을 파고드는 그런 모임을 수도 없이 보았다. 두 사람 또는 세 사람 또는 네 사람이 이렇게 하는 것을 보았다. 그것은 지극히 정상적인 것이다. 그것은 정상적이라고 보는 것 이외에는 달리 볼 방도가 없다.

당신이 그런 모임을 볼 수 있도록 오래 살기를 바란다.

그렇지만, 그것이 고린도 사람들이 했던 것과 똑같지는 않다. 세 사람이 동시에 말하는 것! 바울은 그들에게 "한 사람씩" 말하라고 권고했다. 그러나 모임에서 말하는 것이 중단되는 것을 억제하지는 않았다. 당신 스스로 읽어 보라!

이것은 오늘날의 교회에서는 결코 일어나지 않는다! 왜 그럴까?

"글쎄, 존 깔…이라는 사람 때문에…."

고린도 교인들이 자기 분수를 넘었는가? 물론이다. 그러나 현대 기독교인은 고린도 교회에 보낸 편지를 둘 다 읽으면서도, 그 편지들이 하고자 하는 말을 전혀 이해하지 못한다. 고린도 교회 모임에서 벌어진 것들은 우리의 경험과는 너무 동떨어져서, 우리에겐 그들과 동일시할 만한 아무런 바탕도 없다.

교회생활을 경험한 사람들은 고린도 교회에서 있었던 문제들을 금방 이해할 수 있다. 우리는 아마 이런 일들이 실제로 벌어진 것을 한 번도 본 적이 없을 것이다. 그러나 우리는 모임의 본질과 동일시할 수 있고, 문제들이 생기는 것에 대해 놀라지 않는다.

나는 자정에 꼭 모임을 끝냈어야 되는 모임을 많이 보았다. 집에 가고 싶은 사람이 있어서가 아니고, 그 다음 날 아침 6시에 일을 가야 하는 사람이 있었기 때문이다. 그 모임들은 꽉 들어찼고, 눈부시기조차 했고, 기름졌고, 차고 넘쳤고, 흥미롭게도 표현할 수가 없다. 나는 또한 메시지를 나누려고 약 10시쯤 모임에 간 적이 많다. 그런데 메시지 전할 생각을 포기한 적도 많다. 메시지보다 더 좋은 것이 벌어지고 있었기 때문이다.

주일 "예배"를 치워버리고 이 요소들을 집어넣어 보라. 4세기 때 살던 누군가가 우리의 생존권을 도둑질했다. 당신은 그것을 되찾아야 한다!

모임에서 제 기능을 발휘하는 주님의 사람들은, 영혼을 위해, 영을 위해, 교회를 위해, 하나님나라를 위해, 현대의 설교 백 편보다 더 많이 기여한다.

하나님의 사람들이 제 기능을 발휘하는 것을 필자가 목격한 모든 때에그리고 나는 그런 모임에 수천 번 참석했다, 교회는 언제나 목사를 능가하는 사역을 수행했다. 친애하는 목사여, 만약 그런 모임이 당신의 교회에 생긴다면 비켜 서서 그것이 그대로 진행되게 하라. 그것이 사실상 언제나 당신이 설교하는 그 무엇보다 더 기름질 테니까. 그리고 그것이 만일 실패작이라 할지라도, 바울이 했던 방식대로 평신도들을 위해 기꺼이 모험을 감행한 그것이 당신의 교인들에게 인식될 것이다! 당신이 전하려 했던 말씀이 더 심오한 것일 수도 있지만, 그것이 더 의미 있지는 않을 것이다. 적어도 주님의 사람들에게는.

그리스의 에클레시아와 함께 18개월을 보냈던 사람 가장 위대한 교회개척자들 중 하나였던 사람, 교회를 어떻게 세워야 할지를 알고 있었던 사람, 다른 누구보다도 그 교회와 함께 더 많은 시간을 지냈던 사람, 젊은 사도가 아니었던 사람, 그리고 이 교회와 아주 많은 문제가 있었던 사람은, 여전히 그 구제불능의 교회를 사랑했다!

그들이 가졌던 그 많은 문제에도 불구하고, 그는 결코 그들의 모임을 없애려 하지 않았다. 바울은 결코 단 한 번도 모임들을 폐하라고 권고한 적이 없다. 그리고 그가 그들에게 보낸 편지 전체에서 단 한 번도 장로들을 언급한 적이 없다! 그것은 장로들이 등장해서 상황을 바로잡은 적이 절대로 없었다는 말이다.

바울이 쓴 그 편지가 상황을 바로잡아 주었다.

만약 당신이 세운 교회에서 받은 편지에 주의 만찬 도중 형제들이 취했다는 내용을 접한다면, 당신은 어떻게 하겠는가? 보나마나 당연한 반응은 그리스도 안의 이 자유를 억제하고 "중지!"하라고 말할 것이다. 그런 다음 성도들을 인간의 통제 아래 두고, 그들을 의식에 가두어 버리거나 의식의 안전지대에 묶어둘 것이다. 아마 당신의 핏속의 피 한 방울까지도 다 일어나서 "이 상황을 처리할 누군가를 임명해야 한다"고 말할 것이다.

그러나 바울은 그 어디에서도 "집사들이 이것을 맡아 해결해야 된다"든가 "장로들이 이것 저것을 책임 맡아야 한다"는 말을 한 적이 없다. 그 편지 전체가 교회 교인 모두를 향해 기록된 것이다. 그들의 열린 모임을 문 닫아 버린다는 것은, 1세기 때는, 결코 생각할 수 없는 생각이었다! 주의 만찬 도중 취하는 사람들이 있을지라도!

바울은 그 지역에 살지 않는, 순회하는 일꾼으로 하여금 고린도 교회를 방문하게 했다. 그러나 바울은 디도에게 "거기 가서 그들을 바로잡아!"라고 말하지 않았다. 오히려 그는 "고린도 교인들에게 내가 전에 나누었던 메시지를 회고시키라"고 했다.

고린도 교회의 그 문제들 가운데서, 당신은 바울 형제의 인간 됨됨이를 보고 있다. 바울이 고린도 교회에 편지를 쓰고 난 후, 그는 그 편지가 누군가에게 상처를 줄지 몰라 근심하며 전전긍긍했다! 그가 디도에게 보고받는 것을 얼마나 원했던지, 그는 스케줄을 앞당겨 디도를 만나려고 드로아로 갔다. 그러나 디도는 거기 나타나지 않았다. 바울은 디도의 안위와 고린도 교회가 걱정되어 자신은 돌볼 생각조차도 하지 않았다. 마침내 디도가 도착했다. 바울은 나중에 디도의 보고를 듣고 말로 표현할 수 없이 안심하였다고 표현했다.

디도는 바울이 너무도 듣기 원했던 말 한 마디를 들려주었다.

"그들은 여전히 당신을 사랑한다."

바울은 기뻤다. 그의 편지는 유익했고 폐기되지 않았다! 그리고 교회생활은 계속되었다. 물론 그것은 다소 소란스런 모임을 포함했다.

교회생활이 이렇게 되어야 함을 이런 방법을 통해 알 수 있다.

2차 여행의 정리

바울과 실라는 네 교회를 저버렸다. 바울은 이제 전부 8개 교회를 저버린 셈이다. 두 사람은 그 교회들을 남겨두고 시리아의 안디옥에 있는 집으로 돌아갔다. 전부 합쳐서 6년의 세월이 흘렀다.

전 세계의 이방인 교회가 전부 합쳐서 겨우 8개 있었다. 여덟!

모든 복음 전도자와 한 세대 안에 세계복음화를 이루기 원하는 사람들이여, 이것을 잘 들으라.

당신들이 한 세대40년 안에 전 세계 사람들을 구원하겠다고 하지만, 당신들은 정말 별로 이루어 놓은 일이 없게 될 것이다. 그 이유는 그 기간에 새로 태어날 사람 수가 당신들이 복음화시킬 숫자보다 더 많을 것이기 때문이다. 당신들이 나이가 들 때면, 수십억 명이 아직도 회심하지 않은 채로 있을 것이다.

다소 출신 바울의 눈으로 복음 전도를 보라. 그것은 그리스도께로 사람들을 인도하는 복음 전도가 아니고 각 지역에 교회를 세우는 복음 전도였다.

우리의 기준으로 평가한다면, 바울은 형편 없는 복음 전도자이고 비판받아야 마땅하다. 그는 이 지구상에 겨우 여덟 개의 교회밖에는 세우지 않았다! 그 교회들의 성도들을 다 합쳐 봐야 고작 삼사백 명밖에는 되지 않았을 것이다. 그 당시 로마제국의 인구는 7천 5백만 명으로 추정된다. 현대의 모든 기준으로 볼 때, 바울은 복음 전도에 있어 실패자였다. 정말 그렇다. 그러나 그는 성도들이 기능을 발휘하는 몸들을 세우는 교회개척자였다.

하나님께서 어느 쪽이 더 가치 있다고 평가하실지, 그리고 어느 쪽이 장기적으로 더 나은 결과를 가져올지를 하나님께 여쭈어 보라!

여기에 우리가 우리의 복음 전도 전체의 이유로 그리고 우리의 변명으로 내세우는 사람인 바울이 있다. 제발 이것을 기억하라. 6년 동안 8개의 교회를 세운 것이 이 사람이 성취한 전부이다!

또한 이것을 주목하라. 그는 오직 한 번만 더 여행하였다. 그것 역시 다른 두 번의 여행처럼 교회들을 세우기 위함이었다. 전 생애에 걸쳐 세 번의 여행, 그것이 전부였다.

겨우 세 번. 그래서 세 번째 여행에서 우리는, 그가 적어도 교회를 열 개 이상은 세울 것으로 기대할 수 있다. 아니면 적어도 여섯 개? 글쎄, 아무리 적어도 네 개는 더 세우겠지. 아니다! 그는 겨우 한 개만 세웠다! 교회를 하나만 더! 그게 전부다! 다 합해서 아홉 개 교회. 이것을 당신의 복음 전도 사고방식에 집어넣어 보라!

오늘날의 교회 개념 전체를 가지고, 그 실천과 개념을 택해서, 그것들을 1세기에 적용해 보라. 아니면 1세기 방식을 우리 시대에 적용해 보라. 둘 다 불가능할 것이다! 다른 한 쪽을 위해 한쪽은 꼭 희생되어야만 된다.

그 둘 중 하나를 선택하라.

우리는 강단과 잘 배열된 벤치들을 사용해서 우리 신앙을 실천해 보려는 시도를 근 500년 동안 해 보았다. 우리는 "거대한 혀와 거대한 귀, 그리고 철판으로 된 엉덩이" 원리를 탐구해 왔고, 또 철저하게 연구해 왔다.

그것을 포기하라!

우리 신앙을 1세기 스타일로 되돌려 놓으라.

그렇게 함으로써 기능을 발휘하고, 돌봐 주고, 사랑하고, 그리스도께서 중심이 되시는 것을 우리의 목적이 되게 하자. 칼뱅의 모임 방식 전체를 철저하게 폐기하기 전에는, 우리는 궁극적으로 우리가 처해 있는 혼란한 상태로 되돌아 가게 될 것이다. 그리고 거기서 그 의식을 영원히 반복하게 될 것이다!

혁명 이외에 다른 것으로는 될 수가 없다. 그것도 대혁명이 필요하다.

오늘날 미국에만 약 400,000개의 교회가 있다. 그 중 사실상 거의 모든 교회는, 일주일에 한 시간씩 하나님의 사람들을 영적인 죽음으로 몰아가는 설교를 하는 설교자를 갖고 있다.

오늘날의 상황을 예로 들어 보자. 축구 코치가 듣기만 하는 선수들에게 계속해서 말만 해대는 모습을 상상해 보라. 축구 시합은 언제 하겠는가?

우리는 석고상이 아니다. 우리는 살아 숨쉬는, 예수 그리스도께서 내재하시는 생명체이다. 다소 출신 바울에 의하면, 교회는 예수 그리스도께 속했고 또 성도들 모두에게 속했다. 교회는 목사들에게 속하지 않았다. 우리가 자유롭게 되어, 예수 그리스도의 머리되심 아래 직접 인도받으며 모임을 가질 때, 교회가 얼마나 영광스럽고 활기차게 될 것인지를 당신이 상상하는 것은 불가능하다.

여기에 우리 모두를 위한 질문이 있다. 미국에 있는 400,000개의 교회들 중 과연 몇 개가 다음과 같은 권면을 필요로 할까?

"여러분 중 한 명이 모임에서 나눌 말이 있어 말을 하는 도중, 주님에 대한 깨달음이 있는 사람이 말하고 싶어 참을 수 없어하면, 먼저 말하던 사람을 중단 시키고 그 사람의 영에서 쏟아져 나오는 것을 말하게 하시오. 두 번째 사람이 말하기를 마치면, 먼저 말하던 사람으로 하여금 그가 말하고자 하던 것을 계속하도록 하시오."

내 생각엔 아마 하나도 없을 것이다!

나는 그것이 바뀌기를 소망한다. 그러나 당신이 현재 다니는 교회에서 하는 것들에 그것을 첨가시키려 시도한다면, 결코 바뀌지 않을 것이다. 칼뱅의 강단과 의식이 이기든지, 기능을 발휘하는 쪽이 이기든지 둘 중 하나이다. 바뀌지 않는다면, 주일 교회는 그리스도의 몸의 표현을 소멸시켜 버릴 것이다. 장기적으로 볼 때 "주일 교회"는 모든 것을 소멸시킬 것이다! 그것을 바꾸려면, 몇몇 담대하고 용기 있는 사람들과 선구자적인 평신도들이 있어야 한다.

1세기의 에클레시아는 위의 권면을 필요로 했다. 당신의 교회는?

알바니아에 있는 교회가 과연 이런 권면을 필요로 할까? 제발 그렇게 되기를 바란다. 우리가 미국식으로 만들어 버린 온 땅의 모든 교회에서 이 권면이 필요하게 되기를. 그리고 주님의 사람들의 모임이 존 칼뱅식으로 변질되어 버린 모든 지역에서!

오늘날의 전형적인 교회와 전형적인 목사가 바뀔 수 있을까? 다음과 같은 개신교의 기초를 이루는 기둥들이 사라질 수 있을까?

강단

배열된 벤치

찬송 둘

기도

또 찬송 둘

헌금

또 찬송 한 개

그리고 설교

…

그 질문은 당신이 대답해야 할 질문이다.

필자가 다음과 같은 슬로건을 제안해도 되겠는가. 미국의 기독교인들이여, 서방 세계의 기독교인들이여, 그리고 특히 남반구의 기독교인들과 아시아에 있는 기독교인들이여!

일어나라!

당신들의 쇠사슬을 풀어 버리라.

당신들은 잃어버릴 게 하나도 없다. 주일에 낮잠 잘 곳을 제외하곤.

1세기 성도들이 어떻게 모였는가를 살펴보는데 있어, 우리에게 마지막 한 곳이 남아 있다. 에베소에 있었던 에클레시아를 가까이에서 살펴보자.

13 _ 에베소, 더 깜짝 놀라게 하는 것들과
더 많은 미친 짓

"제도권 기독교의 밖으로 나오는 것은

무엇을 행동으로 옮기는 것이 아니고, 그것은 부르심이다.

오직 그렇게 하도록 부르심 받았다고 느끼는 사람들만이

전통적 교회 관습의 전통적인 방법들을 떠나게 된다."

바울은 안디옥의 집으로 돌아갔다. 그 다음에 바울이 한 일은 그가 그전에 해왔던 것 못지 않은 미친 짓이었다.

그의 세 번째 여행을 준비하면서, 그는 가장 괜찮은 사람들을 여덟 개의 이방인 교회들에서 빼내어 왔다.

사람이 얼마나 더 잔인할 수 있을까?

오늘날 우리의 신학대학원들은 신약성서의 사람들을 하나님 말씀을 설교하는 데에 헌신된 사람들로 제시한다. 그래서 우리는 신학대학원을 졸업하고, 하나님의 사람들을 배열된 의자에 앉히고, 말하거나 움직이지 못하게 하고는, 그들이 멍청해질 때까지 그들에게 설교한다.

바울은 절대로 그런 견해를 갖고 있지 않았다.

이 미친 사람은 지도력과 사역에 있어 그 누구보다 두각을 나타내던 사람들을 또다시 도둑질했다.

그렇다. 말씀 사역에 가장 숙련된 사람들을!

여덟 개 교회에 있는 사람들에게는 안 된 일이지만, 그들이 죽을 때까지 설교 들을 필요는 없었던 것으로 보인다. 그리고 바울은 그가 오늘날의 전통주의자는 절대로 아니었던 것이 분명하다 교인들에게 설교가 필요한 것보다 훨씬 더 교회개척자들이 필요하다고 생각했다.

바울은 교회들에서 알짜배기 8명을 택해서, 그들로 하여금 에베소에 와서 그를 만나도록 했다.

왜 그랬을까?

그렇게 해서, 바울은 순회 교회개척자들을 훈련하고 세울 생각이었다. "떠돌아다니는 사람들!" 바울의 견해는 교회 안에서 많은 사역이 이루어지는 것을 포함하지 않는다. 그는 이미 세워진 교회들을 짧게 방문하고 또 새 교회들을 세울 수 있는 순회 사역자들을 키우는 데 주력했다. 그는 교회들이 스스로를 위해 사역할 수 있다는 것을 알았다.

여덟 명을 교회들에서 빼내온 이후, 각 교회에서는 그 이전보다 사역이 더 줄어들었다. 그들에게는 이미 오늘날 우리가 사역이라고 부르는 것보다 훨씬 적은 사역이 있었다. 바울은 확실히 아주 이상한 가치관을 갖고 있었음에 틀림 없다. 바울 형제여, 정말 필요한 것은 훌륭한 신학대학원 교육이 아니었을까?

당신이 만일 성도 공동체가 자유롭게 돌아가는 것을 경험한다면,

당신은 공동체가 우선적으로 성도의 삶에서 이루어지는 것을 목격하게 될 것이다. 공동체에서 흘러나오는 사역과 함께 때때로 당신은 그 흐름이 방향을 바꾸는 것을 보게 될 것이고, 공동체가 말씀 사역의 결과에 의해 움직이는 것도 보게 될 것이다.

불행스럽게도 현대 복음주의 사고방식은 그 둘을 제공해 주지 못한다.

그것들 대신에, 당신은 사역, 사역, 사역, 무한대의 사역만 발견하게 된다. 공동체는 없고!

에베소와 여덟 사람

에베소에서 2년 정도 머무르고 나서, 바울과 바울이 에베소로 데리고 와서 2년 동안 훈련시킨 젊은이들은 소아시아의 여러 곳을 여행했다. 바울은 이 실습생들을 데리고 다녔다.

이 여덟 사람은 시시때때로 교회들을 짧게 방문하곤 했다. 교회들에는 본질적으로 성도들만 달랑 남겨져 있었고, "떠돌아다니는" 바울과 다른 여덟 일꾼의 간헐적인 도움을 받아, 궁극적으로는 스스로 교회 자체의 사역을 감당했다.

교회가 제대로 세워졌다면, 사역은 몸 자체에 의해 이루어졌다. 그 후에, 이 여덟 사람은 다른 도시들과 나라들에 교회를 세우도록 새로운 지역을 "떠돌아다니게" 되었다.

그들은 한 곳에 오래 머무르지 않았다. 주 하나님이시여, 우리에게 그런 "떠돌이들"을 허락하소서!

에베소에서 바울이 훈련시킨 여덟 명은 바울의 사역을 그대로 따라할 것이다. 그 여덟 사람은 순회하면서, 한 지역에 들어가서 짧게 머무르며 교회를 세우고 그 지역의 최후의 한 사람까지 복음화하려고 시도하는 대신 그 지역과 그 교회를 떠날 것이다.

새로 세워진 각 교회는 그 전의 교회들과 마찬가지로, 완전히 새로 회심한 성도들 훈련되지 않은 평신도들, 대부분 일자무식쟁이의 손에 맡겨질 것이다. 이 젊은 사도격인 사람들은 필요에 따라 그 교회들에 돌아가서 그들을 격려할 수도 있겠지만, 그런 방문은 아주 가끔 이루어질 것이다.

이 순회 교회개척자들이 에클레시아에 돌아가서 하나님의 사람들을 예수 그리스도 안에서 자라나게 하는 데에 도움을 주는 일은 교회생활의 아주 작은 일부였던 것처럼 보인다. 그런데 그리스와 갈라디아에 있던 여덟 개의 교회는 여덟 명의 막강한 설교자들을 잃어버렸다.

여덟 사람 전부는 그리고 바울은 확실히 한참 비난받아야 마땅하다. 예를 들어 오늘날의 선교단체 운동들은 이 사람들에게 다음과 같이 말할 것이다. "당신들이 이런 식으로 천천히 세월을 낭비하면, 당신들은 결코 세계를 구원할 수 없을 것이다. 당신들처럼 하면 세계 복음화는 요원한 일이다."

아홉 사람은 달팽이 같은 속도로 움직이고 있었고, 영혼들은 지옥으로 가고 있었고, 이방인 교회들은 기독교가 가장 필요로 하는 위대한 설교자가 없어 절규하고 있었다!

두 개의 가치관이 여기서 충돌한다. 그 둘이 얼마나 정반대인가를 보는가?

연속적인 설교 대 간헐적인 사역, 교회 전체를 평신도에게 맡기지 않는 성직자가 독점하는 교회 대 평신도 에클레시아, 교회의 모든 것을 주관하는 목사 대 에클레시아에서 모든 것을 맡고 있는 사람들, 앉아서 듣는 것 대 기능을 발휘하고 표현하는 것.

하나님의 말씀을 선포하는 1세기 스타일은 산발적이었고, 돌발적이었으며, 순회하면서 이루어졌고, 미리 스케줄을 잡거나 시간을 정해서 이루어진 것은 아니었다. 그렇다면 이 불쌍한 영혼들을 위한 사역은 어디에서 왔을까? 사역은 하나님의 사람들의 입에서, 심중에서, 영에서, 눈물에서, 혼에서 왔다. 그들은 모여서, 노래와 말씀과 기도를 나누었다. 그리고 그들의 삶 속에서 매일같이 서로 돕고, 돌봐 주고, 격려하고, 권면하고, 주 안에서 열정적으로 사랑했다.

이 여덟 사람이 다녔던 "신학대학원"을 살펴보라. 그들이 사역을 위해 준비한 것들을 보라.

1. 그들은 구원 받고, 자유롭게 돌아가는 에클레시아에서 자라났다.
2. 그들은 각각 공동체의 삶 속에서 하나님의 부르심을 받은 사람이라는 증표를 교인들 앞에 보였다.
3. 바울은 그들을 각 지역의 교회에서 불러내어 에베소로 모이게

했다.

4. 그는 그들을 앉혀 놓고, 그가 에베소 교회를 세우는 모든 과정을 시작부터 잘 보게 했다. 각 사람은 전에 고향에서 이미 교회의 출생을 목격했다. 그러나 기억하라. 각 사람이 로마제국의 각기 다른 지역, 각기 다른 도시 출신이기 때문에, 서로 다른 교회생활 경험을 가졌다는 사실을.

5. 결과적으로 각 사람은 각기 다른 교회생활 이야기적어도 여섯 개의 도시와 문화권를 나누는 특권을 가졌다. 이 여덟 사람은 그 누구와도 비할 데 없는 엄청난 경험을 소유했다. 식물이 가루받이수분 하듯이 그들의 교회생활 경험들을 서로 나누어 가졌다!

그리고 나서 그 여덟 명은 에베소와 에베소 근처의 여러 마을에서 교회생활이 시작되어 꽃 피우는 것을 목격했다. 그들이 무슨 새로운 것을 본 것이 아니고, 다만 다른 종류의 것을 보게 되었다. 이번에는 훨씬 더 집중해서 보고 들었다.

각 사람은 측량할 수 없는 "형제 사랑"을 경험했다. 그들 모두는 교회개척자에게 몇 달 되지도 않는 도움을 받고 나서 그들만 남아 에클레시아를 만들어 가야 하는, 고통스러운 영광의 길에 직면하는 것이 어떤 느낌인지를 정확히 알았다.

여덟 사람은 전부, 스스로 모임 방식을 발견했던강요된 것이 아니고 평신도 중심의 교회에서 자라났다.

여덟 사람은 모두, 교회의 밖에서만 올 수 있는 사역의 깊이와 부요함을 이미 경험했다.

소아시아

에베소에 온지 2년 후에, 바울은 에베소 밖으로 나가 에베소 근처에 있는 소아시아의 작은 마을들에서 교회를 세웠다. 그는 여덟 명의 젊은이를 데리고 다녔다. 이것은 계획적으로 이루어진 일이었다. 우선 그들은 에베소에서 시작 때부터 바울을 지켜보았다. 그리고 나서 그들은 바울이 소아시아의 마을과 촌에서 교회들을 세우는 것을 시작 때부터 지켜보며 또 그를 도왔다.

그렇다. 그들은 그들의 고향에서 수년 전에 에클레시아의 삶을 경험해서 알았다. 그들은 에클레시아가 출생하는 시작부터 그 자리에 있었다! 그러나 이제 그들은 적어도 세 번의 시작을 목격했다. 그리고 그들은 다른 곳다른 지역과 문화권에서 벌어졌던 다섯에서 여섯 번 정도의 시작에 관해 서로에게 듣게 되었다. 이제 그들은 바울이 교회들을 세우는 것을 돕고 있다!!

이것이 그들의 신학대학원 교육이었다.

그들의 교수는?

한 사람. 나이 든 한 사람,

사방에서 얻어맞고 다녔지만,

경험이 풍부했던 한 사람,

교회개척자 한 명의 그들의 신학대학원이었다!!

이것이 하나님의 부르심을 받은 사람들의 훈련 방식이었다. 그리고 이것이 옛날에 일꾼이 세워졌던 방식이었다. 이것은 또한 우리 시대에 다시 일꾼을 세우는 방식이 되어야 한다.

이 시나리오를 떠나서는, 교회생활이 다시 번성할 소망이 없다.

바울의 발 아래 앉아 그를 철저하게 지켜본 후에, 여덟 명의 젊은이는 마침내 그들 스스로 사역을 감당하도록 보내졌다.

바울 이전의 교회개척자들이 그랬던 것처럼, 바울은 교회 출생의 시작점을 중요하게 이해했다. 그 시작 시점은 하나님의 사람들에게, 에클레시아에게, 그리고 젊은 교회개척자들에게 중요하다.

시작은 교회생활의 전부이다. 또한 교회개척자들에게도 마찬가지이다.

이제는 훈련이 막 끝난 교회개척자들이 새롭게 시작할 차례가 되었다!

바울의 지도 아래, 여덟 명의 이방인은 "보내심을 받은 자들"이 되었다. 이방 세계 사람들도 마침내 그들의 사도를 갖게 되었다!

당신이 만일 하나님의 부르심을 받은 젊은이라면, 주님께서 당신에게 자비를 베푸셔서 이런 실습을 당신에게 허락하시기를 바란다. 진정 이것 이외에 더 좋은 것은 없다. 이것 외에는 제대로 교회를 이룰 수 있는 것이 없다. 이것은 바울에 의해 디자인 된, 현장에서 실제적으로 체험하며 훈련하는 방법예수 그리스도께서 유대인 사도들을 세우셨던 바로 그 방법을 재현한이다. 주님께서 12명의 유대인 사도들을 우리에게 주셨듯이, 사실상 같은 맥락에서 바울을 통해 이방 세계에 여덟 명을 더 주셨다!!

그러나 이 그림의 중심은 무엇일까?

그것은 성서학교나 신학대학원이 아니다. 그것은 사람들이 죽는 날까지 설교를 듣는 장례 절차 같은 분위기 속에서 움직이는 것도 말하는 것도 허락되지 않고 듣기만 하는 그런 것도 아니다. 바울의 마음 속에는 무엇이 돌아가고 있었을까? 그의 활동을 지도한 것은 무엇일까? 바로 이것이 아닌가?

우선 다른 무엇보다도 먼저 교회개척자들이 필요하다. 교회개척자들! 그렇지만, 교회들을 세우러 나가는 젊은이들은 우선 교회생활 속에 깊이 들어가 체험을 해야 한다! 평범한 형제로서 교회생활을 시작해야 한다. 왜 그런가? 그 여덟 명의 젊은이들처럼, 그가 나이 든 교회개척자와 함께 다니기 전에, 하루 하루를 평범한 일상 속에서 살면서 성도들에게 그의 진면목이 드러나고 알려져야 한다.

교회생활의 도가니 속에서 살아남은 사람만이 기독교 일꾼의 가장 좋은 후보자이다! 줄곧 평신도로 살아오며 검증 된 그런 젊은이들은, 먼저 그들이 속해 살고 있는 에클레시아의 천거와 추천이 필요하다.

궁극적으로 그들은 또한 부르심을 받은 증거를 보여야 한다.

마지막으로 교회개척자가 되기를 바라는 사람들은 나이 든 교회개척자와 함께 교회생활 속에서 살아봐야 한다. 그들을 택하고 그들을 훈련하는 것이 그 교회개척자의 몫이다. 이것은 필수이다.

그 젊은이들이 지역 교회에 꼭 필요하더라도, 거기서 보배 같은 그들을 빼 와야만 한다. 그런 젊은이들은 집을 떠나, 풍부한 경험을 가진 교회개척자에 의해 교회들이 세워지는 것을 다른 지역과 다른 문화권에서 지켜보아야 한다.

산전수전 다 겪은 노 교회개척자의 발 아래 앉아서! 그가 어떻게 문제들을 해결하고, 질문들에 답하고, 그를 향해 날아오는 무시무시한 비판을 감당하는지를 지켜보아야 한다. 그의 방법들과 그의 방향들을 지켜보아야 한다.

그러나 무엇보다도 그의 메시지와 그가 어떻게 깊고 의미 있는 그리스도와 동행하는 삶으로 사람들을 인도하는지를 지켜보아야 한다!

그리고 나서 이 젊은이들은 자유롭게 해방되어야 한다! 그들을 훈련시켜 준 늙은 교회개척자에게서 자유롭게 되어야 한다. 하지만, 필요에 따라 그들의 스승에게 도움받는 것은 계속 허락되어야 한다.

이것은 단지 일꾼을 키워 세우는 가장 최선의 방법이 아니다. 이것이야말로 1세기에서 찾아볼 수 있는 유일한 방법이다.

우리는 지금까지 1세기의 모임 방식을 살펴보았다.

이제는 우리 시대의 모임 방식을 우리 스스로 어떻게 발견할 것인지에 대해 얘기해 보자.

그러나 이 질문이 끊임 없이 되풀이 되어야 한다.

당신은 오늘날 당신이 하는 모든 것을 포기할 준비가 되어 있는가?

모든 것을?

나는 그렇게 되기를 바란다. 왜냐하면 이것이야말로 아주 흥분되는 일이기 때문이다.

만약 우리가 "교회에 다니는 것"을 포기한다면, 그 자리를 무엇으로 채울 것인가? 그 환경에서 유기적으로 활동하는 교회, 그 이상이다. 이것이 무슨 뜻인가?

14 _ 사고방식을 산산조각 내다

"사람들이 종교적 확신으로 무엇을 할 때만큼

철저하고 지독하게 잔인하거나 그릇될 때도 없다"

– 파스칼 –

당신은 절에 가 본 적이 있는가? 가 본 적이 없다면, 영화 같은 데서 누가 절 안에 들어가서, 쭈그려 앉거나 무릎을 꿇고 목탁을 두드리는 모습을 본 적이 있을 것이다. 불교 신자들이 어떻게 불교를 절과 관련짓는지에 대해 보아서 알고 있을 것이다. 이 장면 하나만 봐도 불교라는 종교에 대해 달리 아는 바가 없어도 당신은 불교가 무엇인지에 대해 이미지를 갖는다! 당신은 불교의 가르침이 무엇이며, 그 가르침의 목표가 무엇인지에 대해서도 나름대로의 개념을 갖고 있을 것이다.

당신은 회교 사원에 엎드려 있는 회교도를 본 적이 있을 것이다. 다른 무엇보다도, 이것이 회교가 무엇인지 그리고 헌신된 회교도들의 목표가 무엇인지에 대한 당신의 견해를 정리시켜 주었을 것이다.

동방정교의 예배의식을 본 적이 있는가? 거기 가면, 코를 찌르는 연기 냄새를 맡게 되고, 돌처럼 굳어 있는 얼굴을 한 사제와 신도들을 보게 된다. 이 모임에 대해 다른 아무런 정보가 없더라도, 당신은 동방정교가 무엇을 위하며 또 무엇을 믿는지에 대한 개념이 생길 것이다. 이것은 다 그들의 모임을 지켜보기만 해도 가능한 일이다. 별로 매력은 없더라도, 정교회 사람들에게는 그 예배의식에 참석하는 것 자체가 경건한 삶의 극치요 절정이다.

당신은 가톨릭의 예배 의식을 본 적이 있을 것이다. 검은 가운을 입은 사제와 미사, 이것에서 당신은 가톨릭에 관해 알 수 있다. 그러나 당신이 실제로 본 것이 이 땅의 기독교인 대다수가 모이는 모임 방식이라는 것을 깨달았는가? 대다수! 기독교가 세상을 향해 기독교가 무엇인지를 말하는 가장 두드러진 한 가지는 가톨릭 미사이다.

회교도들과 불교 신자들과 힌두교 신자들은 가톨릭 모임들을 보아왔고, 미사가 곧 기독교 신앙이라고 생각한다! 우리 신앙에 대한 이미지 치고는 아주 형편없는 이미지가 아닌가? 신약성서가 그리는 것에 근처도 안가는, 그런 이미지를 풍기고 있지 않은가?

가톨릭 모임이 우리의 신앙에 대한 당신의 이미지인가?

글쎄, 매번 가톨릭 교인들이 모일 때마다, 그들은 세상을 향해 기독교 신앙의 정의를 내려주고 있고, 세상은 그런 류의 모임이 기독교인들이 믿는 하나님의 뜻이라고 생각한다! 세상은 지켜보고 있고, 그런 둥근 천장의 성당, 성가, 연기, 성체, 의식, 그리고 금장식의 가운이 우리 주님과 관련 있다고 생각한다.

친애하는 기독교인이여, 우리 복음주의자들이 주일 아침에 모일 때마다 우리 또한 우리의 신앙의 정의를 내리고 있다. 세상은 무엇을 보고 있을까? 어떤 하나님을 보고 있을까?

우리가 좋은 옷으로 잘 차려 입기를 원하는 하나님,

우리가 앞을 향해 조용히 앉아 있다가 쉰 목소리 같은 것을 내는 오르간 반주 소리에 맞춰 일어나 찬송 몇 개 립싱크하고 다시 앉아서, 한 시간 동안 멍하니 앞을 바라보기를 원하는 하나님.

이것을 꼭 기억하라. 모든 개신교인 중 적어도 95퍼센트에게는, 그들이 기독교인으로서 참여하는 최고로 유일한 활동이 "교회에 가는 것"이다. 그리고 "교회에 가는 것"이 우리의 최고 활동이고 우리 신앙의 가장 명백한 정의로서 세상 사람들에게 비춰지는 우리의 "넘버 원 이미지"라면, 그것이 기독교 신앙이 도달할 수 있는 한계점이요 종착역이다!

갈릴리로 돌아가서, 당신의 주님을 보라. 그분에 대해서 생각해 보라. 필자가 방금 전에 언급한 모임들 중 예수 그리스도께서 추구하셨던 것과 맞아떨어지는 것이 있는가? 당신이 듣는 설교들이당신이 정말 듣기는 듣는가 예수님께서 이 땅에 오셨을 때 마음에 품고 계셨던 것일까? 그 교회 예배가 예수 그리스도께서 이 땅에 오셔서 제정하신 것인가? 하늘 나라에서 주님은 성육신하시기 전에, 이 땅에 언젠가 교회가 생겨서 가톨릭 교인들처럼 모이게 될 꿈을 가지셨을까? 아니라고? 동방정교 방식으로? 그건 전혀 안 맞아떨어진다고? 글쎄, 개신교회 예배도 거기서 거기이다.

아무것도 우리 주님에게 들어맞지 않는다. 그 어떤 것도 그분을 투영하지 못한다. 그리고 아무것도 주님에 대한 당신의 믿음을 표현해 주지 못한다. 예수 그리스도께서 우리로 하여금 현대 교회 예배를 하라고 우리를 위해 죽으셨을까? 당신은 그렇지 않다는 것을 잘 알고 있다.

주님은 결코 개신교 예배를 생각해 보신 적이 없을 것이다. 그것이 주님 자신과 주님의 목적에 정면으로 대들고 있기 때문이다. 예수 그리스도께서 지상에 계셨을 때, 제자들에게 이런 식으로 모이라고 암시하셨던 적이 한 번도 없었다는 것을 당신은 잘 알고 있을 것이다! 또 주님께서 그분의 믿음이 그런 식으로 정의되어 세상에 투영되는 것을 원하시지도 않았다. 하지만, 우리는 그런 식의 모임으로 세상을 향해 그리스도의 정의를 내려왔다. 우리의 모임 또한 가톨릭 모임이나 동방정교 모임이나 다른 모든 종교적 모임처럼 매력 없기는 마찬가지다.

계속 반복하고 또 반복하지만, 모든 종교 의식은 제아무리 화려할지라도, 제아무리 논리적이고 철학적으로 정의된다 할지라도 다 죽어 버린다.

우리 주님과 그분의 사역과 목적에 대해 세상이 가진 이미지는, 우리가 교회 건물에 들어가 앉아서 멍하니 앞만 바라보고 있을 때마다 세상을 향해 외치고 있다.

만약 우리 신앙의 이런 황당무계한 이미지가 생기지 않았다면 어떻게 되었을까? 개신교회 예배가 생겨나지 않았다면? 1세기 모임 방식이 살아남았다면 어떻게 되었을까? 우리가 항상 가정집에서 모였다면? 우리의 모임이 유기적이고, 자발적이고, 변화무쌍했다면? 그리고 그 모임들이 세계의 각기 다른 곳에서 다르게 나타났다면?

만약 서로 뜨겁게 사랑하고 돌보는 것이 모든 사람에 의해 목격된다면, 오늘날 "기독교인"에 대한 세상의 견해는 무엇이었을까? 우리에 대한 세상의 그 견해는 지금 우리를 보는 것과는 현저하게 다를 것이다. 우리의 모임이 우리를 정의한다!

우리 신앙을 이런 식으로 유해하게 정의하는 방식을 끄집어내 버리자. 우리는 교회를 세우는 방법을 완전하게 바꾸는 것에 의해, 그리고 교회가 모임 방식을 스스로 발견하도록 하는 것에 의해, 우리 신앙의 정의를 다시 내려야 한다! 우리 스스로를 위해 바꾸자! 지금의 이 고통에서 벗어나야 한다! 세상을 위해서도 그것을 바꿔야 한다. 왜냐하면 세상은 우리 기독교인들이 누구인지를 진정 알지 못하기 때문이다.

그것은 우리의 잘못이다. 우리는 우리가 교회 건물의 입구에 들어설 때마다. 기독교 신앙의 뒤틀린 견해를 선전하는 셈이다. 불신자들은 그들이 구원 받으려면 그런 건물 안에 들어가야 한다고 생각한다. 결과적으로 그들은 구원 받고 싶어하지 않는다. 나는 그들을 비난해도 되는지 모르겠다.

만일 우리가 가정집에서 모인다면, 우리가 "공동체"를 경험한다면이것이 무엇이든지, 모임 방식에서 끝없는 변화를 시도한다면, 그리고 평신도 위주의 교회를 만든다면, 당신은 결코 현재의 주일 교회 예배를 누구에게도 납득시킬 필요가 없을 것이다. 우리는 그런 생각 앞에 입을 다물게 될 것이다!

"교회에 가는 것"은 비극이요, 우리 주님과 우리 신앙을 정의하는데 있어 너무 초라하기 짝이 없는 방법이다. 그런데도 그것은 영원히 고정되어 버려서 어떤 도전도 허용하지 않는다. 그것이 가진 파괴적 본질에도 불구하고.

우리 기독교인들은 450년 이상을 우리의 신학에 몰입해 왔다. 만일 우리가 신학을 잘 정립하고 교인들이 합당한 신학을 믿는다면, 이 하나의 업적이 비성서적인 신학적 오류의 모든 귀신을 정복하고 모든 교회의 병을 치유할 것이라고 우리는 믿어왔다.

그러는 동안, 우리는 형편 없는 신학 못지 않게 파괴적인 한 가지 문제를 완전히 빠뜨린 채 보지 못했다. 우리 기독교인들이 모이는 방식의 비극을 우리가 간과했던 것이다!

우리가 행하는 것은 불쌍해서 못 봐줄 정도다! 그리고 비성서적인 것으로 말할 것 같으면….

주일 교회 예배는 무소부재하다. 즉, 그것은 어디서나 똑같은 방식으로 실시된다. 미국 도심에 있는 교회 건물에서나, 아프리카의 정글에서나, 그린랜드의 이글루에서나!

이 의식은 또한 우리가 행하는 다른 모든 것을 쓸데 없게 만드는 능력에 있어 가히 전능하다고 할 수 있다. 그것의 파괴력은 측량할 수 없는, 다른 모든 것을 빨아들이는 광대한 블랙홀이다. 우리의 병을 치유하려고 우리가 생각해 낸 모든 개편이나 개선 방안은 설교를 간과하고, 그것을 전혀 건드리지도 못하며, 죽은 교회 예배나 벙어리 평신도들의 문제에 관해 다루는 법이 없다.

그리고 그것들은 기독교 신앙을 순회 교회개척자들과
모임에서 기능을 발휘해야 할 평신도들에게
되돌려 줄 필요에 관해 다루는 법도 물론 없다.

주일에, 교회에 가서, 회중석에 앉아, 설교를 듣고, 일어나서, 집으로 돌아가는 의식이 제거되든지, 아니면 우리가 행하여 왔고, 행하고 있고, 앞으로도 계속 행할 것 이외의 모든 것이 그 의식의 치명적인 파괴력에 의해 제거되든지, 둘 중 하나이다.

주일 교회의 자리를 대신해서, 이 세상이 목격한 적이 없는 엄청난 혁명이 일어나야 한다. 주 예수 그리스도를 중심으로 한, 그 지역의 문화에 들어 맞는, 고유하고 자발적이고 유기적인 방식들이 평신도들에 의해 발견되어야 한다.

만일 중국의 오지에 있는 기독교인들이 진짜 고유한 방식으로 모임을 갖는다면, 미국 사람들은 그들의 모임 방식이 좀 색다르다고 생각할 것이다. 중국 벽지의 마을에 사는 그 기독교인들 중 한 명을 비행기에 태워 미국에 데리고 가서, 미국에 있는 에클레시아의 유기적이고 고유한 표현 방식을 보여준다면, 그는 미국의 모임이 좀 유별나다고 생각할 것이다.

바로 이렇게 되어야 마땅하다!

불행하게도 미국인들과 영국인들은 교회의 유기적인 표현 방식의 출생을 허락한 적이 결코 없다. 그러므로 중국 오지의 중국인들, 아프리카의 줄루 사람들, 그리고 텍사스주에 있는 미국인들이 모두 똑같은 방식으로 모임을 갖는다. 이것은 꼭 끝이 나야 한다. 우리는 모두 출발점으로 돌아가서, 우리 스스로를 위해, 각기 다른 사회와 문화에서 자발적으로 교회의 모임 방식을 찾아야 한다.

이것이 이 책의 첫 번째 강조점이다. 두 번째 강조점은 이 탐색 여행을 어떻게 시작할 것인가에 관한 것이다.

또 다른 방침이나 개편 같은 것을 시도하려 들지 말자.

**현재의 그 상태 그대로 놔두든지,
아니면 고차원의 혁신적인 혁명을 일으켜 보자!**

잘 들어보라. 당신은 멀리서 들려오는 북 치는 소리를 듣게 될 것이다. 위를 올려다 보라. 사람의 주먹 크기만한 구름을 보게 될 것이다. 공기를 마셔보라. 혁명이 일어나는 첫 향기를 맡게 될 것이다. 그리고 당신의 주위를 돌아보라. 당신은 무엇을 보는가? 지루해 하고, 안식 없고, 갈급한 사람들을 볼 것이다.

그 멀리서 들려오는 북소리를 찾아내라!

이제 마지막으로 그런 식으로 교회를 해서는 안 될 것에 대해 살펴볼 것이다. 그런 다음엔 실제적인 것에 관해.

15 _ 500년 해왔다고, 주일 아침 교회 예배가 하나님께서 정하신 모임 방식일까

"1세기에 누군가가,

오늘날 주일 아침에 모이는 방식을 소개하려고 시도했다면,

그는 정신 나간 사람으로 취급받았을 것이다."

이 500년 묵은, 지루하고 다 죽어 버린 주일 모임의 유래를 살펴보자.

나의 이론을 들어보라. 5억 명이나 되는 개신교인이 주일마다 교회에 가서 존 칼뱅이 만들어 낸 교회 예배를 견뎌내고 있다. 왜냐하면 그렇게 하는 것이 그들이 지은 죄에 대해 그들을 심판하시는 하나님의 방법이라고 무의식중에 믿기 때문이다! 교회에 가서 고통을 이겨내라. 그러면 하나님께서 봐주실 것이다! 당신은 참회함으로써 제대로 심판을 받았고, 용서를 얻어냈다! 당신은 주일 교회 예배를 통해 고통을 견뎌냈다!

이것이 우리를 존 칼뱅에게로 데려다 준다. 제네바의 존 칼뱅이 주일 아침 교회 예배를 만들어 냈다. 당신은 그가 누구인지 아는가? 당신이 안다고 생각하면, 당신은 충격에 휩싸일 것이다!

역사에는 자명한 이치가 있다. 만약 당신이 역사를 바꾸면, 당신은 영웅이 된다. 칼뱅은 영웅이다. 그는 많은 교파를 낳았다.

스코틀랜드 정부가 지원하는 교회가 칼뱅의 방식에 의해 생겨났다. 그리고 유럽에서 누가 당신에게 "나는 개혁교회 소속입니다"라고 말하면, 그는 존 칼뱅에 의해 시작된 교회를 다니는 사람이다. 북미와 타 지역에서는 그들을 장로교인이라고 부른다.

칼뱅은 인류 역사에 최일류 지성의 하나로 손꼽혀 칭송을 받고 있다. 세상에 "칼뱅의 강요"로 알려진 그의 강의들은 개신교 신앙의 명물이다익살 부리는 것을 용서하라. 이 강의들이 작은 활자로 인쇄되어 여러 권의 책으로 묶였을 때, 그 두께가 약 1미터 정도나 되었다. 그것들을 읽는 데만 족히 몇 년은 걸릴 것이다. 역사상 이렇게 많은 사상, 말, 아이디어, 철학, 그리고 신학을 보존한 사람이 칼뱅말고 또 있을까? 아마 없을 것이다.

모든 개혁교회와 개혁 신학대학원에 이 사람에 대한 좋은 이야기가 많이 회자된다. 그를 향해 눈썹을 치켜 세우기라도 하는 날엔 그 자리에서 짓밟아 버리려는 당신들이여, 살살 밟기 바란다.

그래도 나는 눈썹을 치켜 세운다.

나는 우리 5억 명이 그가 만들어 낸 주일 의식의 구제할 수 없는 고통을 견뎌내야 하는 사실이 싫다. 나는 개인적으로, 주일 의식이 없어져야 한다고 믿는다. 이것을 말함과 동시에 내가 또다시 깨닫는 것은, 만약 그 의식이 사라진다면 개신교는 스스로 다시 만들어 내야 한다는 것이다. 이것이야말로 참 괜찮은 생각이다.

나는 평신도들이 입을 막고 있어야 하는 현실이 싫다. 나는 집에 있으면 세탁기 앞에 앉아서 그것이 돌아가는 것을 보고 있을 수 있는 시간에, 강당에 앉아서 영원 같은 시간을 보내는 것이 싫다! 나를 믿으라. 두 번째 것은 첫 번째 것보다 훨씬 더 재미날 테니까.

주일 교회 예배를 만들어 낸 장본인은 어떤 사람인가

1,545년의 스위스의 제네바로 돌아가서 알아보자.

제네바는 17명의 사람들에 의해 철권 통치를 받고 있었다. 그들을 가리켜 장로위원회Consistory Committee라고 일컫는다, 맞다. 그들은 모두 자신들의 삶의 행동 지침에 따라 일관된 삶을 살아야 했다 그들 중 다섯 명은 목사였고, 열두 명은 교회 장로였다. 그 17명이 제네바를 다스렸고, 칼뱅은 그들을 다스렸다.6)

그것은 서방 세계의 역사에서 가장 독재적인 정부들 중 하나였다. 그것은 경찰국가였다. 모든 사람이 모든 삶의 규칙과 감독과 감시 아래 있었다. 사생활을 침해하는 것이 그 당시의 순리였다.

목사들은 자신들을 부르신 것이, 사람들로 하여금 될 수 있는 한 죄를 적게 짓도록 하는 것이라고 믿는 경향이 있다. 여기에 이런 사상으로 살았던 한 사람이 있었다. 한 도시 전체가 또한 그런 식으로 살도록 강요를 받았다.

---

6) Will Durant, *The Reformation*. pp. 472-484(Simon & Schuster, New York 1957)

몇몇 규칙들?7)

간음 : 기둥에 묶어놓고 불태우는 화형.

마술 : 위와 같음

교회 예배를 자주 빠짐 : 산 채로 불에 태워 죽이는 화형.

이단 : 산 채로 불에 태워 죽이는 화형

이단의 정의 : 감히 칼뱅의 신학에 동의하지 않는 사람.

* 나는 여기서 어떤 유형pattern이 만들어지는 것을

　보고 있다고 생각한다.*

처음엔 모두가 형벌을 면했다. 세 번째엔 아무도 형벌을 면치 못했다. 누구든지 종교법정Consistory에 불려올 수 있었다. 혐의는 곧 유죄에 해당되었다. 당신은 예고 없이 하옥될 수 있었다.

당신은 어떤 옷을 입을 것인지 시키는 대로 해야 했다. 옷 입는 것도 당신의 사회적 위치와 계급에 따라 정해졌다. 칼뱅은 당신의 사회에서의 위치를 포함해서 모든 것이 하나님에 의해 예정되었다고 믿었다. 자신의 계급을 탈피하고자 노력했던 불쌍한 영혼을 동정해야 한다. 그는 하나님의 주권에 대해 반역을 도모한 것이다.

자녀들의 이름은 꼭 성서의 인물 중에서 택해야 했다. 자식의 이름을 성서에서 택하는 것을 거부하고 다른 이름으로 지었다가, 나흘 동안 감옥살이를 한 사람도 있었다.

성상이나 교회의 종이나 촛불을 금했고, 입술에 연지를 바르거

---

7) 마음이 약한 사람은 여기서 더 이상 읽는 것을 중단하기 바란다.

나, 얼굴에 화장을 하거나, 보석을 달거나, 단정치 못하게 옷을 입는 것도 금물이었다. 해도 되고, 해서는 안 되는 것을 누가 결정했는지 알아 맞춰보라 마법, 카드놀이, 술에 취하는 것, 장식용 끈의 사용, 사냥도 금지되었다. 종교적이지 않거나, 도덕적이지 않은 종류의 책을 읽는 것도 금지되었다. 춤을 추거나, 비기독교 노래를 부르는 것 역시 금지되었다. 동상을 세우는 것 역시.

만약 자식이 부모를 때리면 목을 베어 사형시켰다.

언제나 성 문제는 아주 엄하게 다루었다. 혼외 정사는 물에 빠뜨려 죽이는 사형에 해당되었다. 혼인 전 임신 역시 마찬가지였다. 남자도 역시 물에 빠뜨려 사형시켰다.

당신은 믿지 못하겠다고? 칼뱅의 의붓 아들이 잡혀서 그 죄목으로 수장되었다. 칼뱅의 며느리도 역시. 연루된 다른 두 사람도 마찬가지로.

이 칼뱅이 얼마나 인정 많은 사람인가?

열네 명의 여자가 마술 혐의로 산 채로 화형에 처해졌다.

그런 잔인한 형벌의 배경은?

칼뱅의 말을 직접 인용해 본다.

"가톨릭 사람들도 그들의 미신을 방어하는 데 그토록 가혹하고 난폭하게 구는데, 그리스도의 행정관들이 진리를 수호하는 데 있어 그보다 못하다면 부끄러운 일이 아닌가?"

나는 예수님도 제네바에서는 산 채로 화형에 처해졌을 것이라고
믿는다!

그러나 칼뱅은 어떠했는가? 글쎄, 그는 자신과 동의하지 않는 사
람들을 가리켜 바보 천치들, 인간 쓰레기들, 돼지들, 얼간이들, 역
겨운 짐승들, 그리고 개들이라고 불렀다.

바로 이 사람이 주일 교회 예배를 발명해 낸 사람이다! 내가 주일
아침에 "교회"에 앉아 있다면, 다른 사람들을 향해 이런 태도를 가졌
던 사람에 의해 만들어진 의식을 따르고 있다는 생각이 들어서 영 마
음이 편치 않다.

누군가가 칼뱅의 위선을 지적하는 전단을 칼뱅의 강대상에 올려
놓았다. 칼뱅은, 평소에 자주 그랬던 것처럼 노발대발했다. 그는 자
신의 견해에 동의하지 않는, 조금이라도 다른 견해를 참아내지 못했
다. 글쎄, 혐의가 있다고 생각되는 용의자가 한 명 있었다. 그렇지
만, 아무런 증거도 없이 그 사람은 구속되었고, 한 달 동안 무참하게
고문을 당했다. 결국, 그는 자백하고 말했다. 이렇게 고문을 받고 어
떤 위인이 자백하지 않겠는가? 그리고 나서 그의 양쪽 발에는 나무
대못이 박혔고, 즉각 그의 머리통이 박살나 버렸다.

이제 필자의 요지는, 만약 당신이 제네바에서 살았다면 당신은
교회에 다녀야만 했다. 당신은 교회당에 가서, 찬송 두 곡을 불렀을
것이고, 기도를 들었을 것이고, 다시 찬송 두 곡, 기도, 헌금, 그리
고 또 찬송 한 곡을 불렀을 것이다. 당신이 칼뱅이 설교했던 성베드
로 교회St. Peter's Church에 갔다면, 당신은 한 시간에서 세 시간씩이나

설교하는 그를 보았을 것이다. 아니면 당신은 열 개가 넘은 칼뱅의 다른 교회들에 다니고 있었을 것이다. 그 교회들은 모두 다 똑같은 방식의 예배를 하고 있었다. 칼뱅은 사람들이 방금 말한 그런 예배 의식과 그의 설교를 좋아한다고 믿었다. 정말 그렇게 믿었다.

글쎄, 친애하는 칼뱅 형제여, 당신이 편히 죽은 지 오래된 지금, 나는 당신에게 사실 하나를 얘기하고 싶다. 우리는 그 때나 지금이나 당신의 긴 강의와 예배 순서를 싫어한다. 당신은 성도들이 기능을 발휘하는 것을 죽여 버렸다. 당신은 입을 다물고 조용히 앉아 있는 평신도를 만들어 냈다.

내가 왜 이 단원에서 불쌍한 칼뱅 형제에게 했던 식으로 말을 해야만 했을까? 거기에는 아주 좋은 이유가 있다. 사람들은 오늘날 칼뱅의 예배의식을 정당화시키려고 갖은 노력을 다한다. 그러나 미안하지만, 그런 노력 전부가 다 형편 없는 방어에 불과하다. 그렇기 때문에 사람들은 다음과 같은 논리를 붙잡아 보려고 안간힘을 다 쓴다. 아마 하나님께서 이런 예배 방식을 만들어 내는 데 있어 칼뱅을 감동시키셨을 것이다.

하나님께서 5억 명의 개신교인이 주일에 이런 식으로 모이라고 존 칼뱅을 감동시키셨을까? 난 모르겠다. 그러나 당신의 논리대로라면, 하나님께서 칼뱅이 제네바에서 행한 것들앞에서 언급한 그 무시무시한 것들 또한 감동시키셨을 것이다!

칼뱅이여, 우리 중 일부는 당신의 교회 예배에 지쳐 버렸다. 당신의 것보다 훨씬 더 나은 모임 방식이 있다. 오늘날 우리가 모이는 방

식과 모일 수 있는 방식들 간의 공통점보다 밤과 낮 사이에 더 공통
점이 많을 것이다. 그 둘은 비교할 수가 없다.

지난 450년이 너무 길다고 생각지 않는가?

이제 최초의 원리들로 돌아가 보자.

16 _ 가정집으로 돌아가는 것은 시작에 불과하다

"건물, 강단, 회중석, 목사, 십가가 종탑, 설교가 없으면

교회라고 할 수 없다"는 사고방식이

교회인지 아닌지를 가늠하는 오늘날의 견해이다.

글쎄, 만약 1세기의 성도들이 현대판 교회를 보게 된다면,

그들은 이것이 절대로 교회가 아니라고 말할 것이다."

왜 가정집에서 모이는가?

왜냐하면 신약성서에 언급된 모든 교회가 가정집에서 모였기 때문이다. 딱 한 가지 예외가 있다면, 그것은 유대인 성전에 출입이 가능했던 예루살렘 교회였다. 1세기의 다른 모든 에클레시아는 가정집에서 모였다.

중국에 100,000개로 추정되는, 가정집에서 모이는 교회들이 있다. 남미에는 8,000개, 오스트레일리아에는 200개, 뉴질랜드에는 적어도 70개가 있다. 기이하게도 미국에는 가정집 교회들이 전무하다시피 한다. 오늘날 물론 가정에서 모이는 수천 개 이상의 모임이 즐비하다.

그러나 그 목적은 단지 서로 교제하거나 성서를 공부하는 정도이

다. 이것은 교회가 아니다. 더욱이 교회생활에 전적으로 헌신하는 것은 찾아보기 힘들다.[8]

기독교 전체에, 교회 건물, 설교, 회중석보다 더 파괴적인 요소가 있을까?

가정집 모임들이 모든 문제를 다 해결해 주지 못할 것이다. 아마 문제를 아예 해결하지 못할 수도 있다. 그러나 그것은 새로운 시작을 향한 큰 발걸음이 될 것이다.

신학자들은 회중석 전체가 강단을 향하는 이유를 정당화시키기 위한 철학을 갖고 있다! 당신은 그것을 믿을 수 있는가? 그들은 다른 모든 것에도 철학을 갖고 있다. 더 비성서적일수록, 더 심오한 철학을 갖고 있다.

그 특정한 철학은 명백한 오류인데도 일반적으로 인기가 있다. 그러나 당신은 들어야 한다. 신학자들은 이런 변명의 여지도 없는 사상을 그럴 듯하고 심오한 영적 진리로 둔갑시켜서 말할 것이고, 그것은 당신을 상당히 겁주게 될 것이다.

---

8) 러시아에서는 공산당이 지배하던 시절에 기독교인들은 모임이 가능한 어디에서든지 모였다. 물론 이것은 가정집을 포함했다. 그러나 이것은 가정집 교회에 대한 헌신이나 교회 생활에 대한 비전 때문이 아니었다. 가정집들에서 모였던 것은 오로지 필요 때문이었다. 가정집에서조차 목사의 권위와 개신교 의식이 판쳤다. 핍박이 끝났을 때, 가정집 모임들은 사라졌고 교회들은 전통적 모임 방식으로 되돌아 갔다. 즉, 교회 건물, 회중석, 목사, 그리고 존 칼뱅이 발명한 주일 의식.
중국에서는 그렇지 않았다. 가정집에서 모였던 교회들 중 제법 많은 수의 교회가 핍박이 그친 후에도 계속 가정집에서 모임을 가질 것이다. 왜냐하면 중국의 많은 기독교인들은 오늘날 기독교의 전통적인 관습과 상관 없는 것들을 실천하기 때문이다.
이런 사람들이 더 많아지기를([역주] 개방의 폭이 넓어지면서 날이 갈수록 중국의 지하 가정집 교회들이 외국 선교사들, 한국, 미국 등지에서 몰려온 목사들과 평신도 선교사들에 의해 전통적 교회의 모습으로 타락해 가고 있다).

"우리는 모두, 우리가 성서를 존중하고 동의한다는 것을 고백하며, 하나님의 말씀을 대해야 한다."

좋다. 여기에 회중석에 관한 당신의 철학에서 나온 철학적인 대답이 있다.

"만일 우리 모두가 강당을 향해 앉는다면, 그것은 우리가 성직자와 설교가 전부임을 인정하는 것이고, 우리는 조용히 있는 가운데 성직자가 성직을 수행하면서 우리에게 이래라저래라하며 예배를 좌지우지하는 것이고, 또 그로 하여금 우리의 교제와 우리의 삶을 주관하도록 하는 것이다! 우리는 단지 모임에서 가장자리의 액세서리에 불과하고, 예비 부속품에 불과하다. 우리는 성직자가 공연할 수 있도록 불러모은 청중이다!"

"우리는 앞을 바라보고 앉으면 안 된다. 철학적으로 볼 때, 만약 당신의 철학이 철학적인 대답을 요구한다면, 우리는 서로를 향해야 한다. 무엇보다도 우리는 그리스도의 몸이다. 그리스도의 몸으로 활동하면서, 우리는 서로를 돌봐 주고 피차 사랑함을 보여주며, 우리 안에 거하시는 그리스도께서 중심이 되심을 인정하게 된다.

우리는 또한 모임에서 기능을 발휘하고 참여하게 된다. 우리가 그렇게 할 때, 우리는 성직자를 향해 앉는 게 아니고 서로를 바라보면서 기능을 발휘하는 우리의 역할을 수행하는 것이다. 서로를 마주보면서, 우리는 기능을 발휘할 수 있다. 다른 어떤 방향으로도 이것은 불가능하다. 다른 성도들과 마주 대하면서 우리는 교회가 다른 누구도 아닌, 하나님과 구속된 백성에게 속했음을 선언하는 것이다. 특히 교회의 소유권이 성직자에게 있지 않음을 선언하는 것이다. 우리의 주된 초점은 지난 500년을 지배해 온 성직자에게 있지 않다. 우리의 초점은 그리스도와 성도 상호간에 있다. 우리의 눈은 서로를 향하고 있다.”

“서로 바라보면서, 우리는 우리가 듣는 어떤 메시지도 단지 교회 생활의 일부라는 것을 나타낸다. 성직자의 설교는 전부도 아니요, 중심도 아니다. 또 우리가 행하는 그 어떤 것도 우리의 중심이 아니다. 오직 그리스도만이 우리의 중심이다. 그리고 우리가 모일 때, 우리가 그를 예배함이 한 사람의 주도 아래 이루어지지 않는다. 또 다른 어떤 의식도 마찬가지이다.”

“우리는 다 한몸이기 때문에 서로를 마주본다.”

나는 개인적으로, 교회에서 하는 모든 것이 철학적으로 별로 정당성이 없다고 생각한다. 왜냐하면 그것은 전적으로 비성서적인 관습들을 정당화시키려고 심오한 철학적 표현을 사용하기 때문이다. 현상 유지만 하는 상태에 머물도록 하는 심오한 철학을 주의하라.

진실은 여기에 있다. 회중석은 기독교 전체에서 가장 파괴적인 요소 두세 개 중의 하나이다. 회중석과 그것이 향하는 방향에서 눈을 돌림으로써 우리의 혁명을 시작하자.

강당에서 내려다본 광경

목사들은 이것이 얼마나 엄청나게 중요한지를 이해하지 못하겠지만, 목사가 어디에 앉아 있는지를 보라. 그는 정말 볼 만한 광경을 보고 있다!

목사는 예배당 앞쪽의 우뚝 높여진 강단 위에서 밑을아래에 있는 당신을 내려다보고 있다. 그는 무엇을 보는가?

그는 잘 닦인 천 개의 얼굴을 본다. 잘 차려 입은 몸들을, 그러나 그것 이상이다! 그는 그에게 고정된 2,000개의 눈동자를 본다.

그렇고말고! 회중석이 어때서? 그들 모두가 나를 쳐다보는데! 아마 연극 배우는 이런 배역을 얻으려고 나를 죽이고 싶을지도 모르지!

일반적인 목사는 이 혁명에 결코 동의하지 않을 것이다. 그는 그에게 집중된 연출에 사로잡혀 있다. 그를 눈부시게 비추는 조명 아래서. 그리고 일반적으로 말해 그는 교회생활을 이해하는 데 있어 오래 전에 작별을 고한 사람이다.

자, 이제 강단을 박차고 내려와 청중 속에 들어가서, 당신이 거기서 무엇을 보게 되는지를 알아보라.

당신은 정확히 무엇을 보는가? 당신은 한 시간 동안 그 회중석에 앉아서 아무것도 하지 않고, 다만 앞 사람의 목 뒷부분만 본다. 그것이 당신이 보는 전부이다! 한 시간 동안 앉아서, 입을 굳게 다문 채로. 앞 사람의 뒤통수만 쳐다본다!

이게 그리스도교인가? 이것이 그리스도께서 당신을 위해 죽으신 이유인가?

성서가 "그리스도께서 에클레시아를 사랑하시고 그녀를 위해 죽으셨다"고 할 때, 이것이 구속된 백성을 위해 하나님께서 마음에 품고 계셨던 궁극적 목표였을까? 지루한 요식 행위 내내 앉아서 다른 사람의 뒤통수를 지켜보는 것이 그리스도의 몸이 모인 자리에 당신이 참여해서 이루어지는 완결판이라 할 수 있을까? 모르는 사람의 목 뒷부분만 쳐다보는 당신? 지난 1,700년 동안 아무도 이것에 반기를 든 적이 없었다. 우리가 반기를 들어야 한다!

당신은, 목사가 갑자기 평소에 하지 않던, 그 자리에서 간증을 나누고 싶은 사람이 있는지 물어보는 황당한 모임에 참석해 본 적이 있는가? 고통스러운 시간이 지난 후에, 어떤 경건한 자매가 일어나서 간증을 했다. 그녀는 침묵의 시간을 더 이상 견딜 수 없어서 자신을 희생했던 것이다.

이런 순간을 마음에 간직하라! 그녀는 일어나서 실지로 기능을 발휘했다. 그녀는 실제로 모임에 참여했다! 그런데 회중석이 진정 간증을 나누거나 기능을 발휘하도록 허락했는가?

만약 일어나서 간증을 나눈 여자가 당신 앞쪽에 있었다면, 당신은 그녀를 찾을 수 없었을 것이다. 당신은 단지 희미하게 들려오는 목소리를 들었을 뿐이다. 만일 그녀가 당신 뒤에 있었다면, 당신은 뒤로 돌아서 그녀를 찾아야 했다. 회중석에서는 그렇게 하기가 힘들다 그리고 당신이 뒤 돌아 보았을 때 수백 개의 놀란 토끼 눈망울 같은 눈들이 앞을 바라보지 않은 참람한 죄를 범한 당신을 노려보는 광경이 별나지 않았을까? 아무튼 당신은 그것이 끝났을 때 기뻤을 것이다.

회중석은 아무런 기능도 발휘할 수 없게 한다. 모임에서 기능을 발휘하는 것은 1세기 문헌들에 묘사되어 있다. 그러나 그 묘사된 것들 중 회중석에서 할 수 있는 것은 하나도 없다. 또는 교회 내부를 어떤 식으로 배치한다 할지라도 기능의 발휘는 불가능하다.

오늘날의 기독교인은 그 누구도 거실에서 몇 시간씩 진행되는 활기 있는 모임을 상상하기 어려울 것이다. 누군가 "자정이 넘었으니, 우리 다 집으로 돌아 갑시다. 존슨 형제가 아침 6시까지 직장에 가야 하니까, 몇 시간이라도 자야 하니까요"라고 했을 때, 모두가 다 끝내기를 아쉬워하는 그런 모임을.

그런 모임이 이 땅에 생길 수 있다. 그러나 교회 건물의 본당이나 회중석에서는 일어날 수 없다.

회중석이 사라지기 전에, 우리는 결코 교회 생활을 회복할 수 없을 것이고, 진정으로 생기 넘치는 에클레시아 또한 볼 수 없을 것이다. 우리가 편하게 서로를 마주볼 때에만, 기능을 발휘할 수 있게 될 것이다.

물론 어떤 교회들은 회중석의 장의자들을 치워버렸다! 그들은 장의자가 시대에 뒤떨어진 것이라는 결론에 도달했다! 그래서 요새 유행하는 것이 의자이다! 앞을 향하여 의자들을 죽 연결시켜서 배열해 놓는다. 그것을 사이비 회중석이라고 칭할 수 있을 것이다! 이것이 한층 더 쇄신된 방법이다. 나쁜 습관들은 천천히 사라진다.

이 책을 읽은 사람 중에 "당신은 우리 교회에 한 번 와 보아야 한다. 우리는 예배가 회복되는 것을 목격해 왔다. 우리는 예배 인도자도 따로 두고, 모두가 다 기능을 발휘한다"고 주장하는 사람이 있을 것이다.

그러나 미안하지만, 당신의 주장은 사실이 아니다. 당신은 아마 앞의 무대 위에 앉아 있는 사람들 중 하나일 것이다!

예배 인도자들이 우리에게 허용한 것은, 이제 우리가 그냥 앉아 있지 않고 일어설 수 있도록 한 것이다! 그리고 우리의 손을 머리 위로 올릴 수 있도록 허용한 것! 와! 그런 자유를 준 것에 감사합니다! 오, 이 해방감! 그러나 미안, 아직도 우리가 보는 것은 뒤통수들이랍니다! 당신이 무대 위에서 내려다보는 것은 영광스런 광경일지 모르나, 우리는 대부분 각양 각색의 머리 스타일과 파마 스타일만 본다는 사실을 아시는지!

그리고 예배 인도자인 당신이 여전히 좌지우지한다. 모든 것을! 모든 것이 여전히 위에 있는 성직자에게 시작해서 아래에 있는 우리에게로 내려온다.

더욱이 매 주일마다 당신은, 당신의 모임에서 우리에게서 당신의 영광스런 아이디어를 짜내고자, 우리를 더 세게 펌프질해 댄다. 궁극적으로 당신은 더 오래, 더 세게 펌프질을 해야만 하고, 이전의 절정의 순간으로 우리를 데리고 가도록, 기독교 예배를 넘어 세속적인 격정의 도가니로 우리를 몰아가도록 강요 받는다.

또 반복한다. 아무것도 주일 교회 예배를 치유할 수 없다. 그것을 폐기 처분하는 것 외에는.

그리스도의 몸을 이해하고 경험하는 유일한 길은, 우리가 스스로를 위해 에클레시아를 발견하고자 추구하는 것이다. 의식으로는 안 된다. 위에서부터 내려오는 것 가지고도 안 된다. 교회 생활은 발견되어야 한다. 우리에 의해서. 여기 밑바닥에 있는 우리 시골뜨기 같은 사람들에 의해서. 무한한 변화가 표준이 될 때만, 판에 박힌 것이 끝날 것이다.

우리가 스스로를 위해 모임 방식을 발견하도록 우리만 그냥 놔둘 때, 우리 성도들이 모임 전체를 책임지고 자유롭게 참여할 때, 오직 그렇게 될 때만 우리가 모임의 일관된 실체를 갖게 될 것이다. 그것에 미치지 못하는 것은, 아무리 새로운 것이라 할지라도, 결국은 판에 박히게 될 것이다. 그리고 당신이 판에 박힌 것에서 헤어나지 못할 때, 그것이 무엇이라 할지라도 그것은 변질되고 만다. 그리고 변질되어 버리면 지루해져 버린다. 회중석이 존재하고 모두가 한쪽 방향을 바라보는 한, 하나님의 집에서는 아무런 새로운 것도 벌어지지 않게 될 것이다.

성도의 공동체에 못 미치는 것은 의식 절차가 되어 버릴 것이다. 교회가 성도들 스스로 방향을 찾는 공동체일 때, 오늘날의 교착상태를 타개해 나갈 수 있을 것이다.

현재 우리 교회에서 행하는 것들은 개혁될 수 없다. 개혁으로는 판에 박힌 의식을 극복할 수준에 이를 수 없다. 그런 수준에 이르려면, 오늘날 교회에서 행하는 관습들을 도말해 버려야 한다.

당신은 어떻게 생각하는가? 이 지구상의 교회들에 그런 혁신적인 변화가 일어날 것인가? 만약 당신이 그렇게 생각한다면 시도해 보라! 당신이 그 회중석이나 의자를 재배치시킬 수 있나 보라.

만약에 할 수 없다면, 이 혁명을 일으킬 다른 방법을 포기하고 현재의 관습들과 작별하는 것이다. 만일 기독교인 상당수가 교회 건물을 떠난다면, 뭔가 아주 새로운 것이 그 관습을 대신해야 한다. 그러나 이것을 하려면, 당신이 지금까지 해왔던 벙어리 노릇을 그냥 넘어가지 않겠다고 철저하게 결심해야 한다. 앞 사람의 목 뒷부분을 쳐다보던 것과 결별해야 한다!

당신은 당신 자신의 마음 속을 살펴보고, 결코 옛날로 되돌아가지 않겠다는 굳은 결의가 진심인지를 확실히 해야 한다.

당신이 정말 당신의 교회를 이렇게 혁신적으로 바꿀 수 있다고 생각한다면 이것을 고려해 보라. 우리는 한 가지 약점밖에는 살펴보지 않았다. 아직도 우리가 더 살펴보아야 할 다른 것들이 있다.

교회 건물이 또 남아 있다! 그리고 매 주일마다 한 사람에 의해 반복되는 기계적 의식인 설교가 있다. 또 그 설교 전에 행하여지는 각종 의식. 무엇보다도 오늘날의 독특한 관습의 대명사인 목사. 우리가 오늘날 아는 목사는 마틴 루터의 발명품이다. 목사는 이제 현대 기독교의 유전자 안에 들어있다. 우리는 계시가 필요하다.

현재의 교회는 변해야만 한다. 아니면, 우리가 바닥부터 새롭게 시작해야 한다. 그렇지 않으면 당신은 평생토록, 매 주일 한 시간씩 다른 사람의 목 뒷부분만 바라보고 앉아 있는 벙어리들의 모임 장소가 곧 교회라는 것에서 헤어나지 못하게 될 것이다.

그것은 당신의 선택이다!

우리는 이제 "가정집 모임"에서 더 나아가서
"어떻게 시작할 것인가"에 대해 살펴볼 것이다.

17 _ 유기적인 모임과 유기적인 교회를 향하여

"우리는 기독교 시대 이후를 살아가고 있다.

그 이유는 기독교가 종교로 타락해 버렸기 때문이다."

– 가브리엘 바하니안 –

우리의 목표?

그것은 가히 경이적이라 할 수 있다. 그것은 두 가지이다.

첫째, 에클레시아의 모임을 예수 그리스도의 머리 되심 아래 놓는 것이다. 이것은 시간을 필요로 한다.

둘째, 이 과정이 진행되는 동안 성도의 교제 안에서 모임의 유기적인 방법이 생겨나는 것을 보는 것이다. 이것은 당신의 배경과 문화와 사회 환경에 걸맞는 자연스러운 모임 방식이요, 그리스도의 몸의 표현 방식이다.

그 지역에 고유한 교회의 모임은 사람들에게 "들어맞아야" 한다. 어느 정도냐 하면, 만약 당신이 살고 있는 지역의 불신자가 당신의 모임에 참석한다해도, 편안한 분위기 아니면 적어도 그의 문화에서 이해될 수 있어야 한다. 말하자면 그가 무슨 별천지에 들어와 있다는 느낌을 받지 않도록 해야 한다.

그런 실체를 갖는 것우리가 있는 그 곳에서 시작하는 것은 결코 쉬운 일이 아니다! 그것은 발견되어야 한다. 그것은 모임 방식의 발견을 위해서 미지의 세계를 향해 기꺼이 모험을 감행해야겠다는 사람들을 요구한다.

이것을 기억하라. 이런 에클레시아의 유기적 표현을 발견하는데 있어 성도들을 도와주는 것은 시간을 필요로 한다.

지도자들 없이 성공적으로 모임을 가지려면 시간이 좀 걸린다. 성도들이 지도자 없이 살아 남을 수 있는 교회는 1년 또는 2년, 그리고 그 이상의 시간을 필요로 한다. 모임의 안팎에서 살아남도록, 그리고 번성하도록, 약간의 도움이 있어야 한다. 그리고 엄청난 끈기가 있어야 한다.

다르게 표현하면 이것은 험난한 길이다. 겁쟁이들은 그 길을 가기 전에 다시 한 번 생각해 봐야 한다!

다음의 제3부에 나오는 "어떻게"는 필자의 개인적 경험과 다른 사람들의 경험을 토대로 한 방법론이다. 그것들은 모든 상상이 가능한 환경에서 테스트를 거쳐, 당신에게 전수되었다. 여기에 이론적인 문장은 없다. 이 책은 이론이 아니다. 그것은 교회생활의 도가니에서 자라나온 것이다.

다시 강조한다. 당신은 감히 그런 모험을 감행하고자 하는가?

그런 당신에게, 아래의 것을 마음에 꼭 새길 것을 권고한다.

1세기의 교회들은 교회개척자들의 사역의 결과로 시작되었다.

이 사람들은 순회사역자였다. 그들은 옮겨다녔다. 그들은 한 에클레시아에 오랫동안 머무르지 않았다. 교회개척자라는 개념은 우리에게 잊혀진 지 오래다. 교회가 아직 유아기에 있을 때 그 상태로 남겨두는 개념 또한 잊혀진 지 오래다. 따라서 하나님의 사람들 스스로 에클레시아의 모임 방식을 발견한다는 개념 역시 잊혀진 지 오래이다.

이 책은 위의 모든 개념과 그것들을 실천에 옮기는 것에 대해 다시 소개하고자 한다. 그래서 만약 당신이 이후에 계속 읽어나가기 원한다면, 당신은 "나는 교회개척자에 대한 개념에 준비가 되어 있는가?"에 대해 답해야 한다. 왜냐하면 아무도 교회개척자를 원하지 않을 수도 있기 때문이다.

순회 교회개척자로의 회귀와 교회를 유아 상태로 그냥 남겨두는 것을 실천하는 것, 이 두 가지 없이는, 그야말로 이 책은 아무런 소용이 없다.

만약 당신이 당신의 모임에 교회개척자들을 받아들일 수 없다면, 나는 당신이 이 책의 모든 것을 잊어버리기 원한다. 모임 밖에서 도와주는 교회개척자가 없다면, 당신은 "대실패작"이라는 이름을 가진 여자를 유혹하는 것과 다름없다. 만일 당신이 오랫동안 잊혀져온 이 방식을 받아들이고, 교회개척자라 불리는 이 대담무쌍한 사람의 도움을 기꺼이 받고자 한다면, 당신 앞에 보장된 모험이 당신을 기다리고 있을 것이다!

제3부

처음부터 다시 시작,
완전히 새롭게 밑바닥부터

"그리스도께서 교회를 위해 죽으셨다.

바울은 교회를 위해 얻어 맞고, 돌로 맞고, 옥에 갇히고,

핍박 받고, 그리고는 목 베임당해 죽었다.

그들이 목숨을 바친 교회는 현대판 교회가 아니다."

모임 방식을 발견하는 가장 좋은 방법은 교회개척자에 의해 완전히 새로운 사람들로 시작하는 것이다.

사실 그것이 유일한 방법이다. 그리고 그것은 성도 공동체를 예수 그리스도의 머리 되심 아래 모일 수 있는 시점으로 인도하는 데에 헌신된 교회개척자가 있음을 가정한다. 그리고 이것은 그가 필수적으로 떠나는 것을 전제로 한다.

그러나 그런 이상적인 환경에서조차, 당신은 가공할 만한 문제들에 직면할 것이다.

기능의 발휘? 이것이 무엇인가?

하나님의 사람들은 그들이 모일 때 어떻게 기능을 발휘해야 할 지를 전혀 알지 못한다. 당신과 함께 가정집에서 모이는 사람들이 모

임의 모든 짐을 다 감당하는 데는, 오랜 시간이 걸리고 또 많은 인내가 필요하다. "평신도"인 당신이 갑자기 교회생활의 모든 책임을 다 감당해야 한다고는 생각지 말라. 지금 당장은 기능의 발휘를 배우는 것이 올라가야 할 가파른 산이다.

그렇기 때문에, 여기서 이 최우선의 문제 한 가지를 다룰 필요가 있다. 사람들로 하여금 기능을 발휘하게 하는 문제의 해결책을 발견하는 것이다. 그 다음에는 기능 발휘의 수준이 너무 빈약하여 주일예배를 다시 사모하는 문제에 관해 다루어야 한다!

이 문제의 해결책은 실질적인 면과 영적인 면, 두 가지를 포함한다.

뭐라고? 목사가 없다고?

첫 번째 문제는 기능 발휘를 배우는 데 있어서의 어려움이다. 두 번째 문제는 목사이다. 그의 문제는 무엇인가? 그 대답이야 아주 쉽다! 목사들은 목회를 포기할 수 없다는 것이다!

사람들은 기능을 발휘하지 않을 것이고, 목사들은 기능 발휘를 중단하지 않을 것이다! 역설적이지 않은가? 이것들이 교회생활에서 당신의 두 가지 장애물이다. 혁신적인 해결책을 기대하라.

목사들은 또한 인도하는 것을 중단할 수 없다. 이것은 목사들뿐만 아니라, 교육을 맡은 사역자들, 어린이 담당 사역자들, 음악 사역자들 그리고 예배 인도자들도 마찬가지이다. 왜냐하면 다른 이름을 가졌어도 장미는 장미이기 때문이다!

대개 위의 모든 사역자 외에도 지도자 위치에 있는 한두 사람이 꼭 있기 마련이다. 이 사람들 역시 기능 발휘를 중단할 수가 없다! 또한 하나님의 사람들은 "우리의 자리는 앉아서 듣는 것" 이라는 사고방식에 젖어 있다. 그 결과는? 당신은 모임에서의 기능 발휘가 전혀 시동도 걸리지 않는 상태로 주저앉고 말 것이다.

가장 급진적인 변화만이 이런 이중으로 겹친 문제를 타개해 나갈 수 있다! 이 두 가지가 맞물린 문제를 변화시키는 임무는 히말라야산맥과 같다. 이것을 깨뜨리려면 혁신적인 모험조차도 적지 않은 시간을 필요로 한다. 때로는 아주 많은 시간을 요구한다.

오래 전에, 내가 아직 잘 몰랐을 때, 나는 전통 교회들에게 "나눔을 갖는 모임"을 할 것을 권고했다. 나는 그런 모임을 갖는데 필요한 모든 것을 그들에게 제안했다. 그러나 그것은 전혀 일어나지 않았다. 주님의 사람들이 기능을 발휘하지도 않았고, 목사들은 하나님의 사람들을 놓아주지 않았다. 목사는 인정할 만한 지도자 없이는 모임을 주님의 사람들에게 넘겨줄 수 없었을 것이다.

문제 하나가 있다. 아주 큰 문제이다. 아니, 그 정도의 표현으론 부족하다. 아주 어마어마한 문제가 있다. 다시 한 번, 나는 이 진지한 의심을 해 보려 한다. 나는 전통적 교회가 이것을 실현할 것인지에 대해 의심한다.

제발, 내가 틀렸다고 증명해 주길 바란다!

친애하는 독자여, 그냥 교회 건물을 살펴보라. 그게 거기 버티고 서서 당신을 노려보는 그 자체가, 사실상 형식 없는, 열린 나눔의 교제를 가질 수 없게 만든다. 이것은 "나는 그런 나눔의 교제를 반대한다!"고 외친다. 다시 제발, 내가 틀렸다고 증명해 주기 바란다. 그렇게 증명만 해 준다면, 나야말로 가장 크게 외치며 기뻐할 것이다.

당신은 목사가 그 자리에 참석한 것에 더 한층 주눅이 들게 될 것이다. 이것은 엘리야라도 주눅들게 만들 것이다.

미안하지만 내 판단에는, 그 두 가지가 당신 앞에 버티는 한, 당신에게 유기적인 교회생활을 할 기회라곤 전혀 없다.

건물을 태워 버리고, 목사를 칼라마주미국 미시간주에 있는 기독교 중심지로 보내버리면 가능할까. 아마 조금은 가능할 것이다. 그러나 그렇게 한다 해도, 주님의 사람들은 "교회"라는 것에 대한 두려움 안에 갇혀 주눅들기는 마찬가지일 것이다. 목사 없이 평신도들만 주님의 만찬성찬을 거행할 때 그들이 얼마나 공포에 휩싸여 있는가를 보면 필자의 말을 이해하게 될 것이다.

아니 1,700년 동안의 침묵이 우리의 대동맥 속에 흐르고 있다.

만일 이것이 사실이라면, 왜 그것이 사실일까? 그 대답은 아주 간단하다.

아무도 원치 않는 사람

친애하는 형제자매여, 당신들은 마음과 뜻과 정성과 혼신의 힘을 다해 열정적으로 그리스도의 몸을 믿어야 한다.

앞으로 닥칠 모든 문제에 맞서, 당신은 주님께서 모임의 머리가 되신다는 것을 열정적으로 믿어야 한다. 성도들평신도들은 철저하게 신뢰되어야 한다. 평신도들은 또한 완전하게 믿어야 한다.

이제 난제를 다룰 때가 되었다. 주님의 사람들을 이런 놀라운 열린 모임으로, 목사 없는 교회로, 강당 없는 교회로, 평신도들이 모임을 주관하는 교회로, 그리스도의 머리 되심 아래 모이는 모임으로 인도해 줄 사람은 누구인가?

그는 그리스도의 머리 되심에 사로잡혀 있어야 한다. 그는 에클레시아를 위해 활활 타올라야 한다. 그는 지상의 다른 어떤 것보다도 평신도들을 더 믿어야 한다.

그는 자신을 다 태워 소모시키는 사람이어야 한다! 그는 하나님의 사람들이 기능을 발휘할 것을 믿어야 한다. 그는 하나님의 사람들이 시작 때의 적은 도움으로 모임의 처음부터 끝까지를 다 감당할 수 있음을 믿어야 한다. 그들이 궁극적으로 영광스러운 모임을 갖게 될 것 또한 믿어야 한다!

그는 하나님의 사람들이 머리이신 예수 그리스도의 직접적인 주관 아래 모일 수 있음을 믿어야 한다. 그는 주님께서 실제로 모임을 인도하실 수 있음을 믿어야 한다. 예수 그리스도께서 살아계셔서 자신의 사람들을 얼마든지 인도하신다는 것을 믿어야 한다. 그는 이것이 지상에서 이루어지기를 하나님께서 항상 원하고 계심을 믿어야 한다.

그는 과거의 모든 실패에도 불구하고 이 모든 것이 이루어질 수 있다는 것을 믿어야 한다. 그는 아무리 오래 걸린다 해도, 무슨 일이 벌어진다 해도, 이 믿음들을 고수해야 한다.

그리고 가망 없어 보이지만, 이 모든 것이 그 지역 밖에서 도와주는 교회개척자의 참여와 도움으로 이루어지도록 하나님께서 정하신 방식임을 모두가 믿어야 한다.

모두가 1세기의 개념인 순회 교회개척자의 회복을 위해 힘써야 한다. 쉽다고 생각하는가? 글쎄, 당신은 목사의 개념현재 무대의 중심에 서 있는이 완전히 사라질 것으로 보는가? 당신은 1,700년 동안이나 자취를 감추었던 교회개척자가 무대의 원위치에 다시 서게 될 것으로 보는가?

아마 이것이 가장 핵심 요소일 것이다.

비전, 즉 예수 그리스도의 계시 없이는, 그분의 신부의 계시 없이는, 그리고 사도행전 전체와 모든 서신서에 나오는 교회개척자의 등장 없이는, 이것들이 다시 이루어질 방도가 하늘 아래는 존재하지 않을 것이다!

교회 생활은 자발적으로 이루어진다. 실제로 교회생활은 매일 전 세계적으로 경험되고 있다. 자발적인 작은 가정집 모임들에서. 그러나 이런 놀라운 "에클레시아 경험들"이 잠깐 존재했다가 곧 사라지고 만다. 그들의 일부는 6개월까지도 간다. 그러나 2년을 지속하는 모임은 극히 적다.

그들은 모두 다 없어지고 만다.

모임이 죽어버리면서 오는 아픔은 기독교인이 경험할 수 있는 가장 혹독하고도 모진 고통일 것이다.

왜 자발적인 교회생활이 죽어버리는가? 왜냐하면 아무도 꼭 필요한 한 가지를 원하지 않기 때문이다. 만일 우리가 교회생활이 지상에 다시 꽃피워지는 것을 소망한다면, 그 한 가지의 등장이 필수적이다. 친애하는 독자여, 에클레시아를 갖기 위해서는 에클레시아의 개척자들이 필요하다. 1세기에는 그런 사람들이 절대적인 필수였다. 그들은 오늘날에도 꼭 필요한 존재이다. 그리고 그들은 앞으로도 필수적인 존재이다. 이것이야말로 바꿀 수 없는, 변경할 수 없는, 확고한 불변의 사실이다. 그것은 하나님의 방법이다! 그리고 하나님은 조금도 요동치 않는 분이시다.

교회개척자의 "헌신"은 그가 주님에게서 받은 소명과 성령님에게서 그가 파송받은 것에 버금가게 확실해야 한다.

서기 2,399년에

역사는 이런 방식으로 모임을 경험한 소수의 성도들에 대해 말해준다. 그들은 그들 이후의 미래 세대들을 위해 유산을 남겼다. 그들의 증언은 "할 수 있다!"라고 외친다. 우리 시대도 미래의 세대들을 위해 같은 유산을 남겨야 한다. 우리가 적어도 같은 증언을 남겨야, 미래의 사람들이 교회가 어때야 하는지를 어렴풋이나마 알게 될 것이다.

만약 서기 2,399년에 누군가가 이 책을 읽는다면 한참 전인 21세기의 암흑기에 예수 그리스도의 머리 되심 아래 함께 모였던 사람들의 경험을 당신이 손에 들고 있음을 알기 바란다! 우리가 이 유산을 당신에게 남겨 주었음을 우리는 믿는다.

그리고 이제 이 모든 것이 우리 주위에서 벌어지는 것과 비교할 때 얼마나 차이가 있는가에 대해 당신의 주의를 끌고자….

19 _ 둘째와 셋째 단계

"오순절 이후에, 성도들은 목사들을 안수해서,

교회 건물을 세워 그 안에 모두 입 다물고 조용히 앉아 있게 한 다음,

다음 100년 동안 매 주일마다 설교를 하게 했다.

그리고 모두가 이것을 아주 좋아했다.

그들은 이렇게 교회를 하는 방식에 너무 흥분한 나머지,

로마제국 전역을 이것이 휩쓸게 했다."

당신이 모험을 감행하려는 12명에서 25명 정도의 사람들 가운데 속해 있다고 가정해 보자. 당신들은 가정집에서 함께 모여 모임을 시작할 것이다. 그 가정집이 당신들이 가진 전부이다. 만약 숫자가 20명이 넘는다 해도 상관 없다.

우리는 당신들 중에 순수한 교회개척자가 있다고 가정한다. 우리는 시작하는 첫날부터 모두가, 교회개척자가 언젠가는 교회를 성도들에게 맡겨두고 떠날 것이라는 사실을 다 이해한다고 가정한다.

초기에 교회개척자의 도움 없이는 모임을 위한 어떤 시도도 하지 않아야 한다는 것을 꼭 주목하라. 실험을 해서도, "홀로서기"를 해서도 안 된다. 당신들은 교회개척자가 필요하다.

당신들이 적어도 6개월 이후에는 "당신들 스스로 시도해" 볼 것이라고 생각해야 한다. 다시 돌아가서 모든 이방인 교회의 출생에 관해 자세히 살펴보라. 교회개척자가 모든 것의 중심에 있었다. 이것은 첫날부터 그가 떠나던 날까지 그랬다!

당신들의 첫 모임들

시작 때부터 실제의 "교회 모임"은 절대로 갖지 말라. 아주 비참하게 실패할 것이고, 지도자 없이 훌륭한 모임을 갖는 것이 가능하다고 믿는 사람이 아무도 없을 것이기 때문이다! 당신들은 다른 식으로 시작해야 한다. 모임을 위한 모임을 시도하지 말라!

"모임"에 관한 막연한 생각을 갖고 그들 스스로의 모임을 시도해 본 그룹들이 얼마나 많은지를 얘기하자면 한이 없다. 만약 당신들이 그런 식으로 한다면, 제발 필자의 이름을 사용하지 말라. 나는 큰 실패작들에 대해 많이 들어 알고 있다. 나 또한 내 눈으로 더 형편 없는 모습들을 본 적이 있다. 나는 결코 그런 모임에 참여하기를 원치 않는다. 거실에 앉아 있다고 교회 생활이 생기는 것이 아니다! 그리고 만약 당신들이 그 거실을 세계의 위대한 신학자들과 성경학자들이나 새로운 회심자들로만 채운다면, 그것 역시 크나 큰 실패작이 될 것이다. 예외가 없다.

우선 당신들은 사역을 받아야 한다. 도움이 필요하다. 아주 많은 도움이. 이 사실은 하나님의 법칙이다. 당신들이 불변의 사실을 바꿀 수 없다.

나중에 당신들은 홀로 남겨질 것이다!

그럼, 당신들이 할 일을 무엇인가?

당신들은 갖고 있던 것들을 내려놓고, 갖고 있지 않은 것들을 얻는 것으로 시작해야 한다.

그렇게 해서는 안 되는 것

필자는 여러분을 격려하고자 모임에서 처음 경험했던 것을 나누고자 한다. 그 모임은 정말 황당했다. 그 모임은 나의 고향인 텍사스 주 타일러에서 있었다. 약 열다섯 명쯤 되는 그룹이었던 우리는 가정집 거실에서 모임을 시작하기로 했다. 우리는 예수 그리스도의 머리 되심 아래 모임을 갖기로 했다.

그러나 그 모임은 코미디 그 자체였다.

모임을 시작할 때, 우리는 주일 아침 11시에 모였다! 그것 하나가 코끼리 떼를 몰살시키고도 남을 것이다. 그 다음 우리는 정장에 넥타이를 매고 참석했다. 억! 무슨 일이 벌어졌는가? 우리는 앉아서 서로를 쳐다보고 있었다. 자매가 그 방에 들어올 때마다. 형제들 모두는 남부 지방의 신사답게 일어났다. 숙녀가 방에 들어올 때 일어서는 것은 그 당시의 관습이었다. 고대 기록들을 들춰보라.

그리고 아무도 집에 들어올 때 그냥 들어오는 법이 없었다. 절대로! 집의 문앞에 와서는 꼭 벨을 눌렀다!

우리는 모두 속삭였고 발끝으로 걸었다. 침묵이 그렇게 죽은 듯이 고요할 줄은 몰랐다. 마지막으로 어떤 불쌍한 친구가 온순한 목소리로 말했다. "찬송 부를까요…?"

그 다음의 것들은 잊어버리는게 좋을 듯싶다! 아뿔사, 우리는 아무 노래도 부를 수 없었다. 나눔의 시간은 더 형편 없었다. 구제불능이었고, 황당했고, 당혹스러웠다. 아니, 그것보다도 더 형편 없었다! 그 한두 시간 동안 우리가 했던 대부분은 고통 그 자체였다. 그것은 또한 이 방향으로 바꾸기를 시도하는 어떤 기독교 그룹에서도 똑같이 일어날 수 있는 전형적인 모임이었다. 우리에게 밖에서의 아무런 도움이 없었음은 두말 할 필요가 없다. 나는 그 순간 어떤 식으로든 우리를 도와줄 사람이 북미 대륙에 과연 있을까를 의심했다.

나는 이것이 함께 모이기를 시도하는 기독교 그룹에 의해 경험된 유일한 실패작이기를 바란다. 그러나 그렇지 않다.

성도들의 공동체로서 모임을 갖는 것은 하나님의 마음처럼 아주 숭고한 목표이다. 그러나 거기까지 가는 방법을 포착하는 것은 너무 힘든 것처럼 보인다. 실제로 그것을 찾기는 거의 불가능하다.

그렇다면 당신들은 어떻게 시작해야 하는가? 나는 다음과 같은 방법을 추천하고 싶다. 아니, 다음을 강력하게 추천한다. 아니, 나는 이 방법으로 시작할 것을 주장한다. 아니, 나는 당신들에게 호소한다.

세 번째 단계

우리는 당신들이 20명쯤 되는 것으로 가정하겠다. 이것은 아주 많은 수이다. 어떤 다른 목적이 없다면 현실적으로 큰 도시에서조차이 모험에 기꺼이 가담하겠다는 사람은 15명도 찾기 어려울 것이다. 대부분의 그룹들은 8명 혹은 10명 이내로 시작된다.

시작하면서 당신들은 모두 적어도 6개월 동안은 아무리 상황이 나쁘고 소망이 없어 보인다 할지라도, 매주 함께 모일 것을 인정하고 동의해야 한다. 당신들은 적어도 그 정도는 서로 간에 헌신해야 한다. 미국에서는 3년이 적당할 것이다. 알바니아에서는 6개월, 아마 4개월도 괜찮을 수 있다. 알바니아에서는 빌립보에서처럼 단 3주 만에 벌어지는 것을 볼 수 있을지도 모른다!

적어도 8주에서 10주 정도 모임을 가지라. 다른 것은 하지 말고 같이 식사를 나누면서! 다른 것은 절대 하지 말라. 감히 찬송도 부르려 하지 말라. 기도하는 것도 피하라. 글쎄, 식사 기도 정도는 봐 주겠다! 이것이야말로 너무 급진적인 제안이 아닌가? 그러나 우리의 종교성의 뿌리가 너무 깊기 때문에, 그런 급진적인 접근이 요구된다.

그 10주는 당신의 눈을 번쩍 띄게 해 줄 것이다! 당신은 모임의 구성원 중 절반은 정신 이상이 아니라면 이상한 사람들 임을 발견하게 될 것이다. 아뿔싸, 당신에게 왜 거짓말을 하겠는가? 그들은 아마 철저하게 돌았을 것이다. 다른 절반 사람들은 앞의 한쪽 절반 사람들을 정상으로 보이게 만들 것이다.

이 시간 동안, 서로에 대해 더 잘 알아야 한다. 아무런 격식 없이 서로를 알아야 한다. 이것이 다른 무엇보다 우선되어야 한다.

일주일에 한 번 내지 두 번 함께 식사를 나누라. 서로를 알도록 시간을 투자하라. 참을성을 가지라. 우리 현대인들은 뭐든지 빨리 하기를 원한다. 우리는 지금 당장 원한다! 그리고 물론 뭐든지 큰 것이 항상 더 좋다. 형제여, 그것을 다 내려놓으라.

함께 모임을 가지기 시작한지 얼마 지나지 않아서 당신들은 모든 방정식 가운데 가장 풀기 어려운 것들 중의 하나를 다루고 있음을 알게 될 것이다. 그것은 타락한 인간의 본성이다. 그리고 당신들은 영적인 영역에 도달하도록 그 타락한 본성을 기어 넘어야 하는 불가능에 도전할 것이다.

본 회퍼의 『신자의 공동생활*Life Together*』라는 책의 제 1단원을 읽을 것을 강력히 추천한다. 그것이 눈을 열어줄 수 있다.

위에서 주지한 바와 같이, 주님의 은혜가 넘쳐나는 가운데 불이나 기근이나 홍수를 뚫고 나갈 수 있는 목적 의식이 명확해야 한다. 약 10주가 지난 후에아니면, 6개월이나 1년 또는 필요한 만큼의 시간이 지난 후에 당신들은 아마 서로를 꽤 잘 아는 시점에 도달할 것이다. 그리고 그럼에도, 당신들이 여전히 함께하고 있기를 소망해 보자. 그러나 당신들은 아직도 아주 피상적인 측면에서만 서로를 알고 있다! 내 말을 믿으라. 서로의 진면목아주 나쁜 점들 투성이을 발견하는 시점은 아직 오지 않았다!

나는 나에 관해서 다음과 같이 얘기할 성도들 수백 명의 서명을
당신에게 쉽게 제공할 수 있다.
"진 에드워드는 참 친절해요!"

이 다음 단계는:

위와 같이 실천한 후 다음 단계로 넘어가고자 하는 그룹은,
아래의 주소로 편지하면 다음 단계에 대해 알려 주겠다.

The Seedsowers
P. O. Box 3317
Jacksonville, FL 32206
U. S. A